钱力 张晓林 著

科技论文的研究设计
指纹识别方法研究

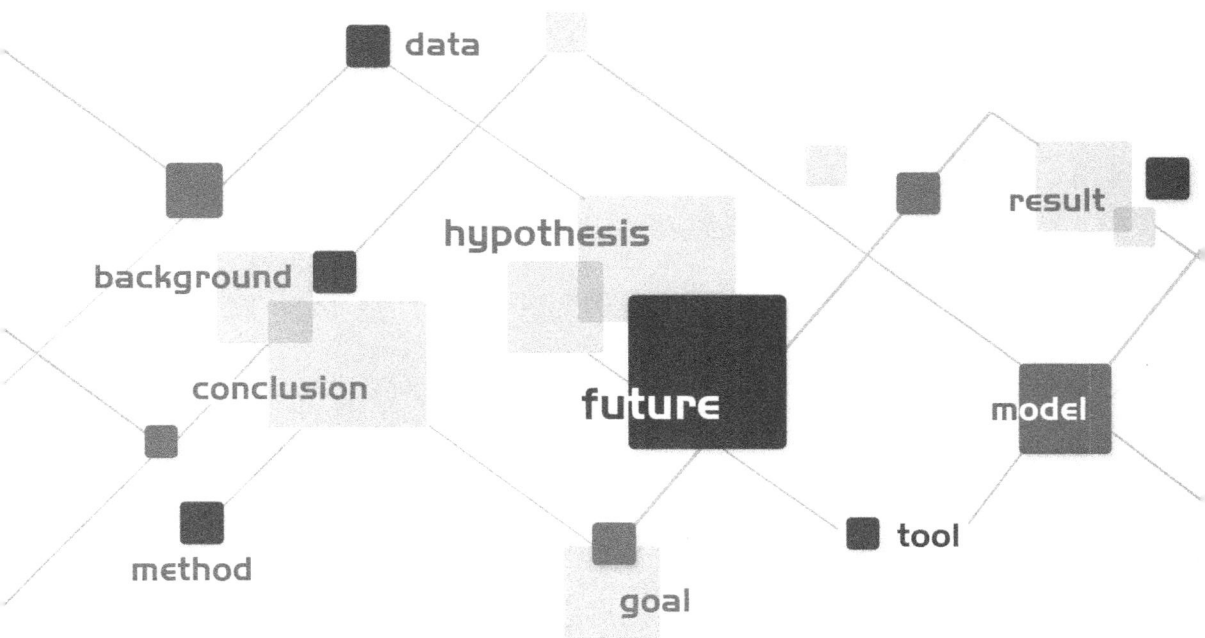

data

hypothesis

background

result

conclusion

future

model

method

tool

goal

科学出版社
北京

内 容 简 介

在大数据与人工智能快速发展的背景下,科技情报知识服务向智慧化、精准化的转型升级成为现阶段的迫切需求,而面向科技论文的细粒度知识抽取、语义关联与知识计算是这一转型升级过程中的关键核心。本书从科技学术论文的研究过程出发,提出了能够结构化描述科技论文核心知识的研究设计指纹框架,包括研究问题、研究目标、研究方法、研究工具及研究结论等指纹特征,并基于知识库与深度学习技术方法,实现了研究设计指纹特征的自动识别与示范应用。相关的研究方法与研究成果,为文献情报下一代智能化、个性化的精准知识服务提供基础的数据智能化计算支撑。

图书在版编目(CIP)数据

科技论文的研究设计指纹识别方法研究/钱力,张晓林著. —北京:科学出版社,2019.3

ISBN 978-7-03-058838-8

Ⅰ.①科⋯ Ⅱ.①钱⋯ ②张⋯ Ⅲ.①指纹鉴定-方法研究 Ⅳ.①D918.91

中国版本图书馆 CIP 数据核字(2018)第 210334 号

责任编辑:徐 烁/责任校对:贾娜娜
责任印制:张 伟/封面设计:楠竹文化

科学出版社 出版
北京东黄城根北街 16 号
邮政编码:100717
http://www.sciencep.com

北京虎彩文化传播有限公司 印刷
科学出版社发行 各地新华书店经销
*
2019 年 3 月第 一 版 开本:720×1000 B5
2020 年 1 月第二次印刷 印张:10 1/2
字数:143 000
定价:58.00 元
(如有印装质量问题,我社负责调换)

目前，人工智能正引发链式反应般的科学突破，引领新一轮科技革命和产业变革，而作为支撑人工智能发展的科技论文数据，记载着科学真理验证过程、实验观测、研究结论、网络交流等科技情报知识线索，是人工智能用于科技创新发现的算法模型实现的数据根基和知识基础，而且以语义化知识数据为基础的知识服务及其"人—机—物"三元计算体系，已经成为 Google、Microsoft 等企业抢占未来大数据人工智能服务的重要部署。在此基础上，基于语义数据的科技知识的深入挖掘和重构，可以促进前沿识别、颠覆性技术识别和技术交叉前沿发现等科研创新，同时也使知识体系不断丰富化、细粒度化和语义化。因此，从多类型、多层级、多粒度上，计算挖掘出科技论文中的核心知识内容变得十分必要与迫切。

本书围绕上述发展趋势，在调研分析科技论文核心知识内容识别与抽取的相关技术基础上，提出、设计并实现了面向科技论文的研究设计指纹识别模型与方法体系。该体系以研究设计指纹为切入点，重点探讨了研究方法、研究工具、研究结论等指纹特征知识的自动识别机制，实现了针对科研设计的研究方案挖掘（Solution Mining）。

本书共分七章。第一章，主要提出并阐述研究设计指纹的内涵与类型，并总体介绍研究设计指纹识别的研究思路与方法。其中，研究设计指纹分为基础指纹、技术指纹、结论指纹与未来指纹四个大类，包括背景指纹、方法指纹、工具指纹等九种类型，为有效地实现对科技论文的语义丰富化描述及研究设计指纹知识的识别提供理论支撑。第二章，全面介绍关于科技论文内容知识表示方法模型及指纹识别方法，最后对现有研究进行评价与分析。第三章，在详细分析了研究设计指纹识别特征因素的基础上，设计了本书的总体研究框架，并提出三大关键问题。第四章，构建研究设计指纹概念模型，该概念模型不仅能够结构化、语义化地组织科技论文的研究设计指纹，更能科学地将科技论文转换成机器可计算与理解的智能文献载体，辅助科研用户快速阅读与掌握科研成果，同时也为开展科技论文大数据方案挖掘的实现提供逻辑结构与框架指导。第五章，基于研究设计指纹识别相关影响因素的详细分析，提出并构建包含基于标引语义知识库的指纹识别方法和基于多个规则模式的指纹识别方法，以及两阶段多规则混合模式的指纹识别算法模型。该模型打破了传统的侧重某一种实现知识抽取的方法，将基于标引语义知识库的指纹识别方法和基于多个规则模式的指纹识别方法进行混合使用，并与机器学习方法相结合，能够克服单一使用某一种方法带来的对研究领域知识组织体系（KOS）依赖性较强、对知识模板及规则集合要求全而且质量要求高等问题。另外，本章后一阶段的研究中进一步利用深度学习相关的人工智能算法模型开展了指纹识别方法的研究，并针对人工智能领域的科技论文进行了试验，取得了不错的结果。第六章，进行了研究算法与模型的有效性验证，将来自爱思唯尔（Elsevier）的数据挖掘（Data Mining）研究主题的部分科技论文全文作为实验数据集，利用本书设计的算法模型计算识别和抽取这些论文的研究设计指纹，把算法模型计算的结果同领域专家标注的结果进行对比分析，验证该研究设计指纹识别算法模型的有效性。实验评估结果表明，本书提出并设计实现的研究设计指纹识别方法模型能够有效地对科技论文全文的研究设计指纹进行自动识别与抽取，达到了辅助科研用户快速从海量科技论文中发现与挖掘研究背景、研究假设、研究方法、研究工具及研究结论等知识线索对象的目标。第七章，对本书提出的研究问题进行了总结与展望，为后续工作的展开提供了客观的参考背景。

　　本书在编写过程中得到恩师张晓林教授的悉心指导，很多的内容与研究思路是经过与恩师多次研讨、修改而确定的。在此感谢恩师张晓林教授的栽培，是他把笔者带入科学研究的道路，是他的谆谆教诲让笔者对科研有了新的认识，时刻提醒笔者要敢于提出问题，发现"痛点"。同时，在本书的研究、编写及审校过程中，余丽、王茜两位博士研究生及庞娜等硕士研究生给予了帮助并提出了许多修改建议，在此，表示诚挚的谢意。

　　在后续的研究中，笔者将继续探索文本语义理解与深度学习等智能算法先进成果的有机结合方式，实现原始方法创新和关键技术突破，构建垂直领域的研究设计指纹知识网络，多视角、细粒度、层次化地揭示科技论文内容中蕴含的丰富语义信息，以进一步提升数据深度知识挖掘利用能力，提升智能计算的数据组织能力，提升情报分析的数据感知、发展趋势预测、领域研究热点追踪能力，并为文献情报领域下一代智能化、个性化的精准知识服务提供可能的智能计算方法参考。由于笔者对该领域的认知水平有限，书中不足之处在所难免，承蒙读者不吝告知，将不胜感激。

　　　　　　　　　　　　　　　　　　　　　　　钱　力

　　　　　　　　　　　　　　2018 年 11 月 5 日于中国科学院文献情报中心

目 录

第一章 绪 论

第一节 背 景

科技论文作为科学技术发展的重要战略资源，记录着科学真理验证过程、实验观测结果及研究结论等研究知识线索。科技论文中所涉及的研究设计（包括研究问题、研究方法、研究流程、研究工具、相关方法与技术参数设定等），为后续研究者提供了宝贵的方法论和研究操作基础，成为科研人员项目设计、研究方法有效性评估、研究过程问题诊断、研究结果鉴别与评价的重要基础。科研人员希望能够有工具来有效地回答"有谁用什么方法来解决这个问题""哪些方法及其技术与参数设定能够更好地解决这个问题"等问题。但是，在科研文献数量迅速增加的环境下，在项目策划、设计、申请、立项、实施细节规划、实施管理等各个阶段，研究人员需要能够及时、准确地发现针对研究问题的各类研究设计及其细节，要系统地比较同一问题上不同的研究设计及其成效，要利用已有的各类研究设计及其执行效果来优化或调整自己的设计及其研究过程，要提供支持相应研究方法及其细节设置的知识证据链，而目前以主题词为主的 Data Mining 或者聚焦于文摘层面的知识发现技术还难以有效地完成这些任务。因此，设计并实现一套自动识别与抽取论文研究设计的理论与技术方法体系就变得十分必要与迫切。

　　本书以上述背景与研究问题为切入点,面向科学研究过程,在分析科技论文文献模型与相关技术方法的基础上,参照规范的科学研究方法,基于科技论文构成的研究设计核心要素——研究设计指纹,设计并构建研究设计指纹概念模型、研究设计指纹自动识别模型和研究设计指纹自动识别计算方法体系。本书所提出与实现的研究设计指纹概念模型、研究设计指纹自动识别模型与计算方法体系不仅能够提高科技论文的结构化、内容语义化、机器可计算性及支持大数据挖掘的能力,更重要的是,能够实现对研究假设、研究背景、研究目标、研究方法、研究数据、研究工具、研究结果、研究结论及后续研究趋势等九种类型的研究设计指纹的快速发现,并在此基础上实现对研究设计这种针对研究问题的解决方案进行系统化挖掘发现(即科研问题解决方案挖掘)。

第二节　相关概念界定

一、研究设计指纹的内涵

　　目前,对研究设计指纹的内涵尚没有一个明确界定,根据本书要解决的实际问题,依据科技论文中涉及的研究方法之特征,将研究设计指纹定义为在一篇科技论文中能够唯一表示与描述科学研究设计的各个研究阶段与研究实体的重要知识单元。依据斯韦尔斯(Swales)、迈尔斯(Myers)及海兰(Hyland)等多位学者提出的科技论文写作意图共识,即论文研究内容是对当前研究领域做出的既有贡献,参照曼(Mann)关于科技论文内容的修辞结构理论(Rhetorical Structure Theory),借鉴侯赛因(Hossein)的《研究文献写作指南与要求》、巴尔达萨雷（Baldassarre）的《写作与出版科技论文的指南》，以及《科技论文写作指南》，本书将研究设计指纹具体分为九种指纹特征类型，即研究假设、研究目标、研究背景、研究方法、研究数据、研究工具、研究结果、研究结论及研究趋势，界定了研究设计指纹的四个主要特征：①知识唯一性，即在遵守科研道德规范的前提下，这些重要知识单元所具有的研究设计指纹特征是唯一的，其特征的核心构成维度有作者与文章标题；②研究思维性，即研究设计指纹可以精炼地揭示一个科学研究设计的整体设计思路；③知识结构性，即研究设计指纹可以结构化地描述科学研究方法、过程和结果，将其中的重要知识进行抽取、组织与关联；④骨干网络性，即一篇科技论文利用研究设计指纹可以类似于网络骨干图一样，可视化地描绘科学研究中的骨干知识。

二、研究设计指纹类型

科技论文是科研过程的文字描述载体，依据研究设计指纹在各个科研过程中科研工作流的功能作用、所要表述的科技论文写作意图，以及在科技论文传播与共享利用过程中所起到的作用，可将研究设计指纹分为四个类型，即基础指纹、技术指纹、结论指纹和未来指纹。

（一）基础指纹

描述与揭示一个具体研究已有的知识基础，如研究背景、在什么样的应用场景下、哪些人在哪些研究方向上采取什么方法等。因此，基础指纹包括三种指纹，即研究背景、研究假设和研究目标。

（二）技术指纹

描述与揭示一个具体研究采用的研究方法等技术方法。因此，技术指纹包括三种指纹，即研究方法、研究数据与研究工具。

（三）结论指纹

描述与揭示一个具体研究的实施结果是什么样的。因此，结论指纹包括两种指纹，即研究结果和研究结论。

（四）未来指纹

描述与揭示一个具体研究的下一步研究计划、研究方向等。因此，未来指纹包括一种指纹，即研究趋势。

第三节　研究目标与意义

一、研究目标

本书研究的总体目标是立足面向科研过程的思维，基于科技论文全文内容，构建一套行之有效的研究设计指纹识别方法模型体系，以辅助科学研究人员从海量科技论文资源中快速了解到所关注领域已经使用的研究方法、研究工具、研究结果等研究设计指纹，掌握当前研究进展状况，为科研人员进行卓越研究设计提供客观的科学依据。

本书的具体研究目标如下。

（1）提出并构建研究设计指纹概念模型。该模型可以动态、方便、快捷地将一篇或多篇科技论文描述成结构化、语义化、可计算机处理的研究设计知识要素，以支持后期智能化的大数据挖掘与知识发现。

（2）设计并构建研究设计指纹识别模型。该模型利用影响科技论文全文内容识别研究设计指纹的主要因素，以技术方法为支撑，通过自然语言处理（Natural Language Processing，NLP）及机器学习等相关的信息技术，实现自动从科技论文全文中挖掘出描述科研问题解决方案的研究设计指纹，辅助用户快速从海量科技论文全文中发现使用的研究方法、研究工具等知识单元，为其创造出卓越设计提供新的技术路径支撑。

二、研究意义

（1）实现从科技论文全文中挖掘出科研问题解决方案，为科学研究课题的策划、优化、立项与论证提供技术方法工具。帮助科研人员快速发现研究主题相关的研究方法、研究结果、研究工具及相应的证据链信息，为科研人员更科学、合理地创造出卓越研究设计提供客观的科学依据与理论支撑。

（2）研究设计指纹的提出为描述科技论文提供了一种新的视角。传统的科技论文主要以文本段落进行组织，现代技术可以支持计算机可读的结构化描述（如 XML 格式），新型技术还可支持基于主题地图、主题关系等的文本内容描述。本书从"研究设计指纹"的视角，描述与表示一篇科技论文的细粒度知识。因此，可以精炼地揭示科学研究的设计思路，结构化地描述科学研究的方法、过程和结果，以及可视化地描绘科学研究的骨干知识网络。

（3）自动、快速地创建研究主题、研究领域的小型研究活动知识组织体系（Research Activity KOS）或领域研究活动词表，表明研究内容与研究方法的复杂关系。

（4）促进科技论文阅读范式由以人工阅读的方式向以机器辅助阅读的方式转变。

（5）研究设计指纹概念模型的构建为科技论文的智能化描述提供技术框架，也对未来的语义出版起到一定的示范引领作用。

（6）面向当前科学研究领域从数据资源范式向数据密集型范式的快速转变，本书设计与构建的技术方法体系为创造一种支撑上述范式转变的新型学术交流模式提供了更多的可能性。

第四节　研究思路和研究方法

一、研究思路

本书基于问题驱动的研究模式，从需求问题出发，调研与分析已有研究基础及可利用的研究方法，从提供服务引擎与创造应用场景两个方面，提出本书研究问题的解决方案，详见图1.1。

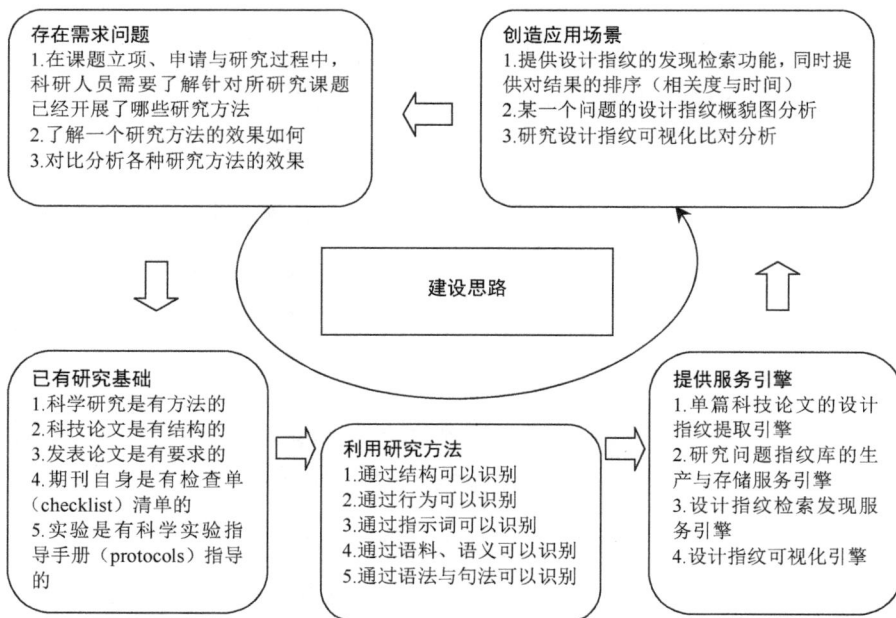

存在需求问题
1.在课题立项、申请与研究过程中，科研人员需要了解针对所研究课题已经开展了哪些研究方法
2.了解一个研究方法的效果如何
3.对比分析各种研究方法的效果

创造应用场景
1.提供设计指纹的发现检索功能，同时提供对结果的排序（相关度与时间）
2.某一个问题的设计指纹概貌图分析
3.研究设计指纹可视化比对分析

建设思路

已有研究基础
1.科学研究是有方法的
2.科技论文是有结构的
3.发表论文是有要求的
4.期刊自身是有检查单（checklist）清单的
5.实验是有科学实验指导手册（protocols）指导的

利用研究方法
1.通过结构可以识别
2.通过行为可以识别
3.通过指示词可以识别
4.通过语料、语义可以识别
5.通过语法与句法可以识别

提供服务引擎
1.单篇科技论文的设计指纹提取引擎
2.研究问题指纹库的生产与存储服务引擎
3.设计指纹检索发现服务引擎
4.设计指纹可视化引擎

图1.1　基于科技论文的研究设计指纹识别方法研究思路

二、研究方法

（一）系统调查法

全面了解科技论文的内容特征、结构特征与修辞特征，调研研究设计指纹识别的相关研究方向与方法，为本书的问题解决与技术方案的实施提供扎实的理论基础与技术指导。

（二）观察分析法

对实验型科技论文的全文内容、发表期刊的检查单规程、实验室计划的科学实验指导手册及科技论文撰写的手册与指南进行观察与分析，发现与掌握其中具有重要价值的知识信息点、规则，为指纹识别的计算方法体系提供算法设计基础。

（三）实验验证法

选定 Data Mining 研究主题的科技论文全文作为实验数据，使用论文设计与实现研究设计指纹识别模型和识别方法对实验数据进行指纹识别，通过对实验结果的全面分析，实现对指纹识别方法的有效性验证与科学评估。

第五节　研　究　内　容

一、理论基础框架研究

基于在研究所调研过程发现的现实需求问题，提出研究设计指纹概念，并以此为切入点研究与分析研究设计指纹识别的相关理论模型和实现技术方法，提出并构建研究设计指纹概念模型，为将科技论文全文由传统的非结构化文本向智能化表示的转换提供一套标准体系框架。

二、研究设计指纹识别方法研究

从科技论文内容及结构等多个视角，全面分析影响研究设计指纹特征类型识别与判断的重要因素，在此基础上提出研究设计指纹识别总体技术框架，从指纹线索规则的发现、指纹识别模型的构建及指纹识别方法的设计与实现等多个方面，构建基于科技论文全文的两阶段与多规则结合的研究设计指纹识别技术方法体系，为构建微型知识组织体系、发现与追踪研究课题的已有研究方法及描绘单篇科技论文知识骨干网络提供工具平台支撑。

三、具体案例实证分析研究

以 Data Mining 研究主题的科技论文全文作为案例实证分析的实验数据，全面解析实验数据材料准备、研究设计指纹识别系统设计与实现及实证开展的具体应用等关键问题，结合实验结果对论文设计与提出的"基于科技论文的研究设计指标识别方法模型"的使用效果及性能进行分析与评价。

第二章 研究设计指纹识别方法的文献述评

目前，与科技论文研究设计指纹识别方法相关的研究主要集中在两个层面：一是科技论文文献模型研究，即科技论文内容知识表示方法模型研究；二是指纹识别技术方法研究，即科技论文内容知识技术及其语义类型的识别与抽取技术方法的研究。从科学研究方法的视角分析，二者可谓相辅相成，即科技论文文献模型为指纹识别技术方法提供理论基础，而指纹识别技术方法为科技论文文献模型的具体描述提供信息技术工具手段。科技论文全文基于哪种文献模型，如何识别科技论文全文中的研究方法等特征及指纹问题也是本书研究的重点与难点。下面，笔者主要对与科技论文文献模型和指纹识别技术方法相关的研究进行梳理与分析。

第一节 科技论文内容知识表示方法模型综述

科技论文作为科研成果的规范载体，无论纸质版本还是电子文献都是规范的文献模型，发挥着叙述并传播科研过程中重要知识信息的功能。从描述研究设计指纹的说明（introduction）—方法（method）—结论（result）—讨论（discussion）IMRaD 经典模型的首次提出与普惠应用，到今天以万维网（W3C）为代表的修辞块本体（Ontology of Rhetorical Blocks，ORB）支持语义出版的智能型知识描述与知识组织，与科技论文相关的文献模型在功能上已经实现了科技论文的利用方式从科研人员的主观理解到计算机可自动执行理解模式的转换。截至目前，典型的科技论文文献模型有 IMRaD 模型、ABCDE 模型、CISP 结构模型、ORB 修辞模型、纳米出版物计划知识识别与抽取模型、面向模型的科学研究报告规范模型、关联科学核心词汇模型及 SALT 模型八种。

一、IMRaD 模型

科技论文表述的 IMRaD 模型要求在自然科学文献表述中基于科学实验报告的原型展开，并直接反映科学发现的过程，即围绕"研究什么问题""如何研究问题""研究发现了什么""研究发现意味着什么"四个方面展开。IMRaD 模期被许多科学杂志认可，并且是国际医学期刊编辑委员会（International Committee of Medical Journal Editors）发布的生物医学类期刊的统一投稿要求，即生物医学出版物的写作与编辑中的推荐标准。此模型的形成逻辑如下：早期以叙事形式为主，到 19 世纪下半叶加入科学实验，再到后来基于路易斯·巴斯德（Louis Pasteur）提出疾病的细菌理论，引入科学方法，如图 2.1 所示。

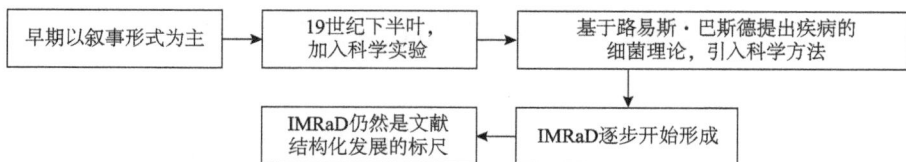

图 2.1　IMRaD 模型发展历程

二、ABCDE 模型

沃德（Ward）提出了科技论文表述的 ABCDE 结构，要求作者在科研写作过程中，按照规范格式创造出具有丰富语义结构的研究文献，以便研究人员利用计算机集成、挖掘与分析研究成果。其中，A（annotation）是基于都柏林核心 DC 元数据标准的文献元数据描述；B（background）是描述研究的定位及相关研究问题；C（contribution）是描述已经做过的工作；D（discussion）是描述开展过的研究讨论结果及对比分析；E（entity）是描述实体对象。

三、CISP 结构模型

联合信息系统委员会（Joint Information Systems Committee，JISC）在 2007 年介绍了科学文献核心信息描述的科技论文核心知识模式，利用本体来组织以科学实验为基础的科技论文元数据，通过抽象出目标、对象、研究方法、结果及结论等知识类型，将科技论文中的细粒度知识及相互之间的关系进行语义化表示与组织，实现挖掘与揭示其内在逻辑关系、语义关联关系及各个组成元素定义。

四、ORB 修辞模型

科学篇章修辞块本体是 W3C 于 2011 年发布的文献修辞块结构描述标准，目标是提供一个规范化结构来表示科技论文中的所有描述知识项，从而推动科技论文结构表示的标准化、语义化及实用化。ORB 修辞模型不仅可以在新创作的科学文献结构中增加语义，也可以标引已经出版的科学文献。它类似于利用插件式操作方式实现对科技论文内容结构的灵活控制，主要有以下特征：融入修辞模块粗粒度集合，如表示摘要、研究背景等段落；给文档内容提供细粒度语义入口，如具体的某一句话或者某一句话的某一部分、某一个词等。ORB 修辞模型在内容结构的组织上分为头部、主体和尾部。

五、纳米出版物计划知识识别与抽取模型

概念网络联盟（Concept Web Alliance）提出纳米出版物计划知识识别与抽取模型，利用计算机作为辅助工具，从文献和数据中抽取研究结论、研究事实与研究结果，以三元组的模式建立起语义关系，使文献结构更具动态性，机器计算更具可执行性，从而更好地支持后期的大数据处理与挖掘。

六、面向模型的科学研究报告规范模型

该模型通过结构化使信息具有更小的知识单元粒度角色，可以更灵活地嵌入科研工作流中，帮助改善与提升科学研究报告的结构化程度，也可以支持探索科学研究设计中的属性与状态、自然现象、数据密集型的科学研究及灵活的科研工作流等活动。

七、关联科学核心词汇模型

关联科学核心词汇（Linked Science Core Vocabulary）模型作为一种轻量级词汇，由德国明斯特大学地理信息学院构建，其底层框架技术主要依赖 W3C 的资源描述框架（Resource Description Framework，RDF）规范，同时借鉴了英国牛津大学赵军编辑的开放源模型词汇表（Open Provenance Model Vocabulary）描述规范。关联科学核心词汇为出版商和科研人员提供与时间、空间、主题相关的科学事件的术语词汇，能够结构化地描述科学资源，最终实

现以机器可以理解的方式来关联发现的科学资源。此种以科学知识关联为目的的描述框架，也为科技论文中研究设计指纹之间的关联关系提供了很好的借鉴。

八、SALT 模型

SALT（Semantically Annotated LaTeX，SALT）模型是利用语义标注原理丰富科学出版的一个语义创作框架，提供了用来识别出版物的修辞结构与论证内容的方法。其实现核心是创建三种本体，即文档本体、修辞本体与标注本体。

第二节　研究设计指纹识别相关技术方法综述

研究设计指纹作为蕴藏在科技论文内容中的特殊语义标签，与其相关的研究设计指纹识别方法主要类似于语义标注与识别的知识抽取方法，以计算机程序自动执行的模式，实现研究方法、研究背景等具有语义类型的知识构件的自动识别与抽取。张智雄研究员等在文献《当前知识抽取的主要技术方法解析》中进行总结，认为知识抽取的机器学习和自然语言分析两大技术思路正在相互融合、相互借鉴，其中基于机器学习的系统，提出了自适应的信息抽取的新技术思路，并向着自动本体学习（Ontology Learning）的方向发展，而基于自然语言分析的系统提出了基于模式标注（Pattern Based Annotation）、语义标注（Semantic Annotation）等的新技术思路，并且都在向着基于本体论的信息抽取（OBIE）的方向发展。本书在此背景下，经过进一步的调研与分析后发现，与指纹识别技术相关的方法主要分为以下四个方面：基于本体知识工程与知识特征分布学习识别法、基于规则模式匹配方法、基于网络协同编辑方法及基于语法关系方法。

一、基于本体知识工程与知识特征分布学习识别法

国内外在该方面都已经具有一定的语义标注工具，其中，国外典型的基于本体知识工程进行知识识别的方法，可以分为监督类与半监督类。监督类的有 MnM（基于本体的标注工具）、OntoMat〔基于关系型与标注元数据（creating relational annotation based metadata，CREAM）的语义标注工具〕及 AKT（Advanced Knowledge Technology）项目的 Melita。半监督类的有 IBM 设计实现的半监督自动语义标注工具 SemTag（Semantic Tag）、从大量仓储中收割领域信息的系统 Armadillo，以及 Guo 等用于医学文献的综述研究的最小监督学习方法。以上这些方法都在各自的研究领域取得了一定的成效，其中 Guo 等提出的利用语篇修辞与词汇本身特征的最小监督学习方法对于医学论文中信息结构的识别，主要从研究背景、研究方法与研究结果的视角进行，不过研究方法的识别准确率仅仅达到 29%，召回率也只有 50%。

国内在这方面也有一些相关研究成果，如苏牧、肖人彬提出神经网络识别方法和宽度优先法，可以将聚类后的各个语句进行知识形式的转换，从而完成由自然语言问卷到面向对象知识体系的知识抽取过程；许勇、宋柔提出了一种基于隐马尔可夫模型的方法以标注《中国大百科全书》，即利用知识点在条目文本中的转移规律及知识点的词特征分布来判断每个句子的知识点类别。

另外，"基于本体标引文献的工具"（An Ontology Based Tool for Preparation of Articles）组在 2007～2009 年开展的全文挖掘与标引工作中，抽象出科技论文核心信息概念，从调研目标、调研对象，研究方法、结果及结论等知识单元，以化学领域为研究对象，利用领域本体实现了对本领域部分论文的标注。该方法的

实验结果相对较好，但是由于受到知识语料的限制，即在无监督下的学习无法开展，而且对于无知识本体的领域，在一定程度上也无法有效地开展相关的知识识别与抽取。

总之，上述这些工具及方法主要通过学习已经标记好的语料库与训练数据集，实现对相关领域的数据进行语义标注，该方法比传统的知识工程方法要快，但它需要足够数量的训练数据，才能保证其处理质量，否则较容易引起错误。

二、基于规则模式匹配方法

基于规则模式匹配方法是主要采用模式发现和规则定义进行匹配的方法。模式发现先定义一个初始的实体集，通过扫描语料库发现实体存在的模式，依据模式再发现新的实体，反复执行该过程，直到不再发现新的实体或者用户才停止整个过程。

洪博（Houngbo）等利用规则实现科技论文中所描述方法的抽取，准确率达到了85%之多，但是未对其他类型的特征指纹进行实验研究。曼宁（Manning）等利用信息抽取模式（information extraction patterns）实现技术方法及领域等相关分类主题短语的识别与抽取，但是识别效果较差，准确率仅有20%。奇峻拉（Kiela）等及 Guo 等利用话题在科技论文中的属性规则实现研究方法的识别与抽取，其中属性包括位置、时态、动词、语法等。埃克莱-科勒（Eckle-Kohler）等使用基于指示词的规则实现期刊文献摘要研究方法的识别，指示词如方法、分析（analysis）、算法（algorithm）及模式（mode）等。

在国内，刘一宁、郑彦宁、化柏林针对学术期刊设计了一种学术定义抽取系统，通过混合使用模式规则、语法规则和词频统计以达到定义抽取的目的。在期刊方面，丁君军、郑彦宁、化柏林对学术期刊中的属性描述进行了数量关系和情感信息方面的分析，然后对学术概念属性抽取系统进行设计和实验。科技论文的表现形式多种多样，如作战文书方面，代表人物有郭忠伟、周献中和黄志同，他们构造各类作战文书的数据库对象集合（Schema）库，利用 Schema 上的修辞谓词抽取相应的知识，最终构造文书内容。

由上述方法可知，规则模式匹配是利用人工定义规则在标注文档中发现实体，从而实现标注的方法。因此，其覆盖率存在一定的瓶颈，而且基于语料的准确率优势也没有得到应用。

三、基于网络协同编辑方法

欧盟语义图书馆项目（SemLib EU project）开发了 Pundit，满足用户在标注网页的同时构建结构化数据，支持群组用户分享标注和协同去建立结构化知识，通过三元组存储和关系数据库实现语义标注对象的持久化存储。英国开放大学开发的语义网服务编辑工具（Semantic Web Services Editing Tool，SWSET），提供了一个轻量级的 Web APIs 的语义标注 Web 应用，基于 JS 和 Ext GWT 实现，用户直接将之嵌入 Web 浏览器中即可使用。该方法灵活，不仅有利于原始素材的积累，而且语料素材方法的丰富性为知识加工标注提供了便利，实现了知识共享，但是由于人员的主观性较强，一致性与规范性无法保障。

四、基于语法关系方法

利用语法关系进行知识抽取的方法，其实现基础是 NLP 的相关技能。其中，索耐·古普塔（Sonal Gupta）等提出使用句法依赖树实现科技论文使用到的技术知识点标注与抽取。史蒂文·贝萨德（Steven Bethard）利用语言学实现问答系统中的事件及其语义类型的识别，取得了较高的准确率。ReVerb 语义标注系统，引入了语法和词汇限制，主要体现在动词表示的两元关系上，在召回率和准确率上，其效果比 TextRunner 和 WOE 等软件都有显著提高。德国莱比锡大学 AKSW 研究组提出的 FOX（federated knowledge extraction）框架整合了关联数据云平台，利用神经语言程序学算法从自由文本中抽取 RDF 三元组，同时整合了命名实体识别、关键字抽取及语义关系抽取等工具。

第三节　现有研究的评价与分析

科技论文内容的文献模型为研究设计指纹识别提供了理论指导，已经开发的文献内容识别标注技术方法在特定研究环境中具有一定的成效，也为研究设计指纹识别提供了技术支撑，而且这些成果也有利于促进科学研究范式从信息服务到知识服务的转移。

但是，现有的文献模型与技术方法在研究设计指纹识别方面仍具有较强的专业领域依赖性，还未真正普惠渗透到未来知识服务中，相应技术方法的优劣势分析如表 2.1 所示；而且从语义标注有效性、组织灵活性、扩展性、粒度性、关联关系性、结构通用性、计算可执行性及研究设计指纹特征性等角度审视，现有研究成果还未集成优势于一体，在研究设计指纹识别的全面性、有效性方面仍需加强与优化；在科学合理地将现有实验性科技论文表示与存储成可自动计算的智能文献，以及从技术框架的规范上支持未来科技论文语义出版等方面的研究仍需补充与拓展。具体而言，上述研究在某一个或者几个方面具有自己的优势，但同时在解决本书的问题时，其自身也具有明显的缺点，如表 2.2 所示。存在问题主要概括为以下两个方面。

表 2.1　指纹识别相关技术方法优劣势对比分析结果

序号	技术方法	优势	劣势
1	基于本体知识工程与知识特征分布学习识别方法	学习已经标记好的语料库与训练数据集,实现对相关领域数据进行语义标注,该方法比传统的知识工程方法要快	需要足够数量的训练数据,才能保证其处理质量,否则较容易引起错误
2	基于规则模式匹配方法	强大的约束力实现监督性的自动学习,准确率相对较高	是利用人工定义规则在标注文档中发现实体从而实现标注的方法,因此其覆盖率存在一定的瓶颈,而且基于语料的准确率优势也没有得到应用
3	基于网络协同编辑方法	该方法灵活,不仅有利于原始素材的积累,而且语料素材方法的丰富性为知识加工标注提供了便利,实现知识共享	人员的主观性较强,一致性与规范性无法保障
4	基于语法关系方法	基于句法与语法树结构,足够灵活、动态,识别覆盖率较高	由于语法结构的固定性及词汇的自由性,识别结果的准确性较低

表 2.2　相关文献模型功能强弱对比分析结果

模型名称	组织灵活性	扩展性	粒度性	关联关系性	结构通用性	计算可执行性	研究设计指纹特征性
IMRaD	弱	弱	弱	弱	强	弱	弱
Modular	弱	强	强	弱	强	弱	弱
SALT	弱	弱	强	强	弱	弱	弱
ORB	强	强	强	强	强	强	弱
ABCDE	弱	弱	弱	弱	强	弱	弱
CISP	强	强	强	强	强	强	弱
LSC	强	弱	强	强	弱	弱	弱
Nanopublication	强	弱	强	强	弱	强	弱
MOSRR	弱	强	强	强	弱	弱	弱
Elsevier Article of the Future	强	强	强	弱	强	强	弱

（1）就文献模型而言,它们现有的功能与本书的研究目标仍有一定差距,无法更科学、合理、便捷地将科技论文包含的研究设计指纹描述成一个具有粒度性、关联关系性、结构通用性及计算可执行性的智能文献,辅助科研人员更方便、快捷地使用科技论文。

（2）就现有的技术方法而言，它们仍具有较强的学科领域依赖性，对于无监督指导学习的环境适应性不够，在无领域知识组织体系及人工定义规则的前提下，基本无法开展科技论文研究设计指纹识别的应用，而且定义规则对于专业人员要求较高，特别是对研究设计指纹的识别。

鉴于此，本书在把握科技论文写作与呈现结构规范（如科技期刊的校验列表检查单规程、科学实验指导手册等），了解与掌握撰写科技论文的词汇、结构、语法等科学规律的基础上，提出基于科技论文全文的研究设计指纹识别方法，尝试基于科技论文全文实现研究设计指纹对象的自动识别与抽取，再通过阅读全文发现更多知识单元，突破当前科研人员不能高效、方便地利用科技论文的窘境。

第三章 研究设计指纹识别方法研究框架与关键问题

研究设计指纹是科技论文撰写作者已经从事研究的知识脉络,在科技论文全文中以一定科学规律进行描述与呈现,能够清晰地展示科技论文所开展的研究背景、研究假设、研究目标、研究方法及研究结果等知识要素。因此,构建研究设计指纹识别方法,需要把握研究设计指纹在科技论文中的描述与呈现规律,梳理与分析影响研究设计指纹识别的相关因素,在此基础上研究与回答如何描述研究设计指纹、如何发现与计算研究设计指纹和如何识别研究设计指纹三个关键问题并给出相应的解决方案。

第一节 影响研究设计指纹识别的因素分析

作为科研成果载体的科技论文,其文本内容实质上是由科技论文作者按照一定规范组织的多个具有研究设计指纹特征的术语或句子构成,并向读者或用户展示研究成果所具有的贡献，如改进算法的有效性、设计理论模型的可行性等。由此可知，科技论文的研究设计指纹识别是有规律可循的，即研究设计指纹特征类型往往由一系列相关因素决定，如在方法段落中，作者提出了一种方法，基本可以断定这个方法就是一个研究方法指纹。

本书在已有的研究基础上进一步调研与阅读了大量的科技论文（以英文科技论文为主），发现并总结了影响研究设计指纹识别的主要相关因素，如表 3.1 所示，并将影响研究设计指纹识别的相关因素分为两个级别，其中一级因素分为三类，即科技论文全文内容特征因素、科技论文全文知识结构特征因素和指纹粒度特征因素。

一、科技论文全文内容特征因素

科技论文全文内容特征因素是指从文献内容上去描述与揭示一个研究成果的具体知识单元或者知识对象的规律和现象，即通过全文内容特征因素即可计算出一个知识单元归属的指纹特征类型的概率。本章将该特征因素又进一步分为五个二级子因素，即科技论文全文的专业科技术语，科技术语的指示词，写作意图与习惯，科技期刊发表要求的检查单及科学实验指导手册，具体描述见表 3.1。

表 3.1　影响研究设计指纹识别的相关因素

一级因素	二级因素	解释
科技论文全文内容特征	科技论文全文的专业科技术语	描述一个方法或一个主题，如 Data Ming
	科技术语的指示词	方法的指示词，如 method/way 等
	写作意图与习惯	每个段落、句子都是有目的性的表达
	科技期刊发表要求的检查单	段落主题特征，并且与检查单项相对应
	科学实验指导手册	实验指导手册的内容及结构与研究设计指纹特征类型形成了一定程度的呼应
科技论文全文知识结构特征	科技论文全文修辞结构特征	经典的 IMRaD
	设计指纹位置分布的结构特征	如研究背景指纹分布在介绍修辞结构中

续表

一级因素	二级因素	解释
研究设计指纹粒度特征	句子粒度特征	无法很好地使用一个术语词描述清楚一个指纹
	术语粒度特征	使用一个术语词（组）即可以清晰地表述一个指纹

（一）科技论文全文的专业科技术语

专业科技术语是反映一个学科领域或者研究主题的、研究内容涉及的、专有名词的规范描述。为了便于科研成果在领域内传播、共享及利用，在科技论文的撰写过程中，作者都会通过优先使用领域专业科技术语来更规范、清晰地表述自己的研究方法、研究材料、研究工具及研究结果等指纹特征，而且专业科技术语的使用在一定程度上也是期刊本身所要求的。

在专业科技术语方面的研究中，有以下几个较为典型的权威组织：一是由全国科学技术名词审定委员会主办的期刊《中国科技术语》，它致力于建设有中国特色的术语学理论、促进全球华语圈科技术语的规范和统一，如《计算机科学技术名词》（第二版）记录的 CYK 算法（cocke-younger-kasami algorithm）、遗传规划算法（genetic programming algorithm）等科技术语；二是以医学一体化语义系统（unified medical language system，UMLS）为代表的医学语言体系，收集与组织了医学领域的规范术语及其复杂的语义关系，在用于知识检索服务中，其不仅是 NLP 及语言规范化的工具库，而且是实现跨数据库检索的词汇转换中间件，它可以帮助用户快速、准确地发现病案记录、书目数据库及事实数据库等知识，如乳腺癌属于肿瘤等。

由此可见，科技术语在研究设计指纹特征类型的识别与判定中，具有重要的影响因素指数，因此在指纹识别方法的设计中，本书将充分利用现有的领域专业科技术语。

（二）科技术语的指示词

科技论文全文中的单个特征词，行为词，代词及代词与特征词的混合词语，词对的使用规律、频次及出现位置，都与所要表述的核心科技术语密切相关，这也为指纹特征类型的识别与提取提供了客观知识线索。例如，Houngbo 在识别科技论文中提到的方法的处理方法中，充分利用"方法"关键词，即指示词，如算法、技术、分析及方法等，实现基于规则的方式实现文献中提及方法的识别与提取。

本书在指纹特征的识别方法的设计中，参考借鉴了上述研究，即将指示词作为指纹识别的一种线索，来提升指纹特征类型识别的准确率与召回率。具体而言，本书从语义行为词、语义名词、语义词对及指示代词与人称代词四个视角类型进行设计与提取，详见表 3.2。

表 3.2　科技论文中的指纹特征指示词分类信息表

视角类型	特征介绍	实例
语义行为词	语义行为词是指在科技论文表述研究成果过程中使用的具有语义行为导向的动词。例如，在阐述研究方法时，经常使用 propose（提出）、use（使用）等词	To restructure the global MWS-tree，we propose and use an appropriate restructuring method based on BSM
语义名词	语义名词是指在科技论文中描述具体研究成果时，使用的具有一定形态及对应语义的名词。例如，在阐述研究方法时，经常使用 method（方法）、way（方式）或者 algorithm（算法）等	Therefore，we propose a context identification method based on document structure（e.g.，document-paragraph）as shown in Eq
语义词对	语义词对是指两个词或者多个词在科技论文中描述研究成果时，经常以一个词对或多个词序列同时出现在一个句子中的科学现象。例如，在阐述研究方法时，一个句子中经常会同时出现 solve...problem 等	It presented the details of the classification algorithms and swarm intelligence methods to solve problems using the decentralized agents
指示代词与人称代词	指示代词与人称代词在科技论文描述过程中扮演着重要角色，因为科研成果的表述都要基于上下文的背景，才能清晰、连贯、完整地揭示出来。具体而言，指示代词在科技论文中以空间上的关系来体现研究成果的上下文中的照应对象；而人称代词是直接可以体现出论文的研究贡献及前人的已有成果。例如，在提到作者自己的贡献时，常常以第一人称 I、me、myself 及 our 等代词进行表述，同时又可以以指示代词的模式揭示论文的共现，如本文等	This method employs classification techniques to discriminate between defect examples Our goal is to develop a mechanism for capturing the evolution of the online content popularity posted by brands on OSNs

（三）写作意图与习惯

科技论文本质是作者研究成果或科研过程共享传播的一种载体形式，其各个段落的内容都是有表达目的意图的，如突破该研究的创新点、设计的研究方法及与其他研究的不同之处。基于作者写作意图的主线，各个领域的科技论文中经常会以某一习惯表达方式来表示某一个意图，如下面一个句子中的上下文：

To solve these problems of the existing algorithms, in this paper, we propose a novel tree structure, called HUS-tree（high utility stream tree）and a new algorithm, called HUPMS（high utility pattern mining over stream data）for incremental and interactive HUP mining over data streams with a sliding window.

通过使用 this paper + we + propose + called 的表达习惯，准确、清晰地向读者直接揭示了该文的研究目的与研究方法，深度描述了该篇文章提出的叫 HUS-tree（high utility stream tree）的新颖树结构及叫 HUPMS（high utility pattern mining over stream data）的新算法，而且 Myers 通过这方面的研究也总结了类似上述的表达习惯，如图 3.1 所示。因此，本书利用这一习惯表达模式及所蕴藏的与研究设计指纹相关的线索规则，实现研究设计指纹的识别与发现。

we	report	here	the finding
this paper	suggest	now	the cloning
	present	in this paper	the sequence
	describe		the result
	demonstrate		the map
	show		

图 3.1　作者写作意图常见习惯表达模式

（四）科技期刊发表要求的检查单

期刊《生物技术通讯》（*Biotechnology Letters*）制订了《作者准备提交稿件

的速查单》(*Author's Quick Checklist for Preparing Manuscripts for Submission*),包括 24 个审查项,要求每篇提交的论文手稿应该通过指南手册的审查。例如,审查项中包含所投稿论文是否有结构化摘要(structured abstract)。报告试验综合标准(consolidated standards of reporting trials,CONSORT)针对临床试验结果制订与发布了一系列检查单,一定程度上更好地支持了循证,因为对于撰写报告的作者而言,检查单为其撰写试验报告提供了一套标准体系,进而促进与提升了试验报告的完整性与透明性,并有利于协助研究人员对试验结果进行评价。例如,撰写研究论文的检查单、报告试验综合标准 2010 检查表(CONSORT 2010 checklist)列出了主要聚焦于试验如何设计、分析及说明解释的 25 个审核项,整个试验过程非常合理、清晰。截至目前,有近 40 个 CONSORT 声明(CONSORT statement)及 CONSORT 扩展(CONSORT extensions)版本的标准体系被期刊采用并公开发布,如期刊《BMC 医学》(*BMC Medicine*)利用 CONSORT 声明要求作者遵循相应的标准规范,来提升改善本刊对研究试验的报告质量。

由以上的检查单或者根据检查单制定的指南规范可见,科技论文的每一部分内容都具有其段落主题特征,并且与检查单项相对应。因此,科技论文研究设计指纹的特征类型识别即可参照检查单项反推并查询相应的特征段落、特征句子及特征术语等。如图 3.2 所示,报告试验综合标准 2010 检查表的 2a 和 2b 两个审查项分别说明,必须要具有科学背景及理论基础和研究目标或者研究假设,研究目标与研究假设的设计指纹才可更有针对性地在说明、背景与目标(background and objectives)段落中被识别与发现。

(五)科学实验指导手册

科学实验指导手册为科学研究实验提供了规范的操作流程、操作要求及设备

CONSORT 2010 checklist of information to include when reporting a randomised trial*			
Section/Topic	Item No	Checklist item	Reported on page No
Title and abstract			
	1a	Identification as a randomised trial in the title	_____
	1b	Structured summary of trial design, methods, results, and conclusions (for specific guidance see CONSORT for abstracts)	_____
Introduction			
Background and objectives	2a	Scientific background and explanation of rationale	_____
	2b	Specific objectives or hypotheses	_____
Methods			
Trial design	3a	Description of trial design (such as parallel, factorial) including allocation ratio	_____
	3b	Important changes to methods after trial commencement (such as eligibility criteria), with reasons	_____
Participants	4a	Eligibility criteria for participants	_____
	4b	Settings and locations where the data were collected	_____
Interventions	5	The interventions for each group with sufficient details to allow replication, including how and when they were actually administered	_____
Outcomes	6a	Completely defined pre-specified primary and secondary outcome measures, including how and when they were assessed	_____
	6b	Any changes to trial outcomes after the trial commenced, with reasons	_____
Sample size	7a	How sample size was determined	_____
	7b	When applicable, explanation of any interim analyses and stopping guidelines	_____
Randomisation:			
Sequence generation	8a	Method used to generate the random allocation sequence	_____
	8b	Type of randomisation; details of any restriction (such as blocking and block size)	_____
Allocation concealment mechanism	9	Mechanism used to implement the random allocation sequence (such as sequentially numbered containers), describing any steps taken to conceal the sequence until interventions were assigned	_____
Implementation	10	Who generated the random allocation sequence, who enrolled participants, and who assigned participants to interventions	_____
Blinding	11a	If done, who was blinded after assignment to interventions (for example, participants, care providers, those	_____
CONSORT 2010 checklist			Page 1

图 3.2 报告试验综合标准 2010 检查表

原料清单等规范性的要求，其在一定程度上具有专家指导的重要角色。例如，Springer 实验指导手册提供一种标准化的、可在实验室再现的"配方"或"方法"，包括按部就班的操作步骤、实验必需的原材料清单（化学成分、硬体、软体等）、注释和提醒（提醒实验员在实验过程中需要注意的事项）及解决问题的方法。而实验型的科技论文是实验室研究实验成果的重要体现，更要遵守与反映各个实验阶段使用的方法、材料及实验结果。因此，实验指导手册的内容与结构及研究设计指纹特征类型在一定程度上形成了呼应，正是基于这一现象，本书也将实验指导手册作为指纹识别的重要依据之一。

二、科技论文全文知识结构特征因素

依据科技论文写作指南规范，科技论文全文知识是具有结构性和有规律可循的。本章将知识结构因素又分为两个二级子因素，即科技论文全文修辞结构特征和设计指纹位置分布的结构特征，具体介绍如下。

（一）科技论文全文修辞结构特征

到目前为止，虽然某些领域的期刊在修辞结构描述方面有着自身的特点，但基本仍然继承了经典的 IMRaD 模型，即在介绍修辞结构中主要描述研究问题、已有的相关研究人员、研究方法及取得的研究效果等，方法修辞结构中介绍本研究（即科技论文本身）要解决问题而采用的研究方法及研究模型等，结果修辞结构中介绍本研究的研究结果，讨论修辞结构中介绍基于本研究而形成的结论性建议或者看法。除此之外，标题（title）与摘要（abstract）也是科技论文中论证内容的重要组成部分，以简短、精练的句子段落揭示论文的核心思想与研究设计思路，如标题中经常直接采用研究方法，摘要中直接列出研究目的、方法、结果与结论等知识要点。因此，上述几个部分即形成了作者撰写科技论文研究内容的主体指南规范，清晰地表达了作者的写作意图，即将作者在科研过程中各个阶段的研究成果，按照指南规范，结构化地在科技论文全文内容中体现出来。由此可知，研究设计指纹特征类型与全文修辞结构类型密切相关，具有相互照应的科学现象。下面，笔者将从标题、摘要、介绍、方法、结果与讨论这六个修辞结构类型具体介绍各自的特征及它们与研究设计指纹特征类型的实例关系，详见表 3.3。

表 3.3　科技论文全文修辞结构特征分析信息表

修辞结构名称	特征介绍	实例
标题	标题是科技论文的核心思想与研究方法的高度凝练与概况。*Science* 期刊上发布了题为"论文题目越短，引用率越高"的分析报告。对于科学家来说，简洁似乎蕴含更多的价值。有研究发现，标题与研究论文被引用的频率具有关联性	Identifying emerging hotel preferences using emerging pattern mining technique

修辞结构名称	特征介绍	实例
摘要	摘要是对科技论文全文内容的高度概括,传统的分类一般包括报道性摘要和指示性摘要,主要以叙述的方式提取论文的研究目标、方法及结果等知识,但是为了更好地揭示科技论文内容,目前许多权威期刊都要求提交结构化摘要,如现代图书情报技术,要求作者按照研究目标、研究方法、研究结果与研究结论,非常明确地揭示出论文的研究内容与研究思路	The leading partitional clustering technique, k-modes, is one of the most computationally efficient clustering methods for categorical data...Experimental results illustrate the proposed initialization method is effective and can be applied to large data sets for its linear time complexity with respect to the number of data objects
介绍	介绍部分主要介绍文献的研究背景、已有研究及不足或者空白之处,进而引出论文文献的研究目标或者研究假设等内容	Clustering is a process of grouping a set of objects into clusters so that the objects in the same cluster have high similarity but are very dissimilar with objects in other clusters. Various types of clustering methods have been proposed and developed, see, for instance(Jain Dubes, 1988). Clustering algorithms in the literature
方法	方法段落是科技论文的重要组成部分,特别是对于自然科学的、实验性的科技论文,要明确给出论文采用的研究方法、研究材料、研究工具等研究技术环境及手段,向读者清晰、明确地介绍该研究的直接贡献	That is LSTM yielded a much longer time required for convergence, than a system based on a one-pass algorithm utilizing a Gaussian kernel to achievelocal-pattern recognition
结果	结果论证段落向读者介绍的研究发现及所在的实验结果,往往以实际的数据来验证本研究是否具有突破性、创新性及是否符合研究假设	In summary, the analysis results indicate that the interpretable representations learned by Wave2Vec not only improve the detection performance, but also identify the influential clinical concepts of biosignals both in motif-level and embedding-level
讨论	讨论论证段落是向读者介绍该研究成果的有效性及与其他研究成果的对比分析、各自的优势与缺陷	The proposed CSVAC algorithm outperforms pure SVM in our experiments with higher average detection rate, less training time, and lower rates of both false negative and false positive; and it is better than pure CSOACN in terms of less training time with comparable detection rate and false alarm rates. Our experiments also show that the effectiveness of our new algorithm is comparable to that of the KDD99 winner. Therefore, CSVAC can be considered as a preferable method that outperforms

(二)设计指纹位置分布的结构特征

基于修辞结构特征的分析发现,科技论文中核心知识单元的描述很多时候是跨修辞结构。例如,一个研究方法可以在介绍修辞中出现,也可以在方法或者结果修辞中出现，但是我们在判断一个知识单元的指纹特征类型时，如果指纹特征类型符合该指纹的修辞结构特征，就应该在指纹识别时作为一种权值加分的行为，具体映射关系参见表 3.4。

表 3.4 研究设计指纹位置分布特征分析信息表

指纹特征类型	位置分布
研究背景	Abstract / Introduction
研究假设	Abstract / Introduction
研究目标	Abstract / Introduction
研究方法	Title / Abstract / Introduction / Method
研究数据	Abstract / Method / Result
研究工具	Title / Abstract / Introduction / Method / Result
研究结果	Introduction / Result
研究结论	Introduction / Conclusion / Discussion
研究趋势	Introduction / Discussion

三、研究设计指纹粒度特征因素

笔者通过梳理已公开发表的实验型科技论文表达科技成果的模式，发现如下规律：描述一个实验主题的研究假设、目标等指纹特征，基本要从句子粒度来解析；而描述一个实验主题的研究方法、算法等指纹特征，可以直接发现其具体的研究对象，即可以从一个术语词的粒度来解析，当然也可以使用一个句子来表示一个研究方法或算法。因此，研究设计指纹的识别与抽取，也受到指纹粒度特征的影响，总体分类如图 3.3 所示。

（1）句子粒度特征因素。即以一个句子为最小知识单元的研究设计指纹，因为在描述一个研究课题的研究目标、研究背景及研究结论等知识时，它们都具有上下文的情景及丰富的语义表达，即要具有"主-谓-宾"的知识对象集合。例如，研究目标的句子指纹：In this study, we look at the utilization of supervised learning （i.e. supervised data-mining algorithms） for the <u>purpose</u> of web-visitor detection. 只有以整个句子来理解，我们才能知道使用 supervised learning 方法达到 web-visitor detection 的目标。

（2）术语粒度特征因素。即以一个词或术语为最小知识单位的研究设计指纹，因为在了解一个研究课题已经使用的研究方法、研究工具等技术类型的指纹时，一个术语即可揭示，而且也是提供给科研用户最有效的知识单元信息。例如，We propose a <u>graph-theoretic method</u> for merging the role/object hierarchies of two security policies.

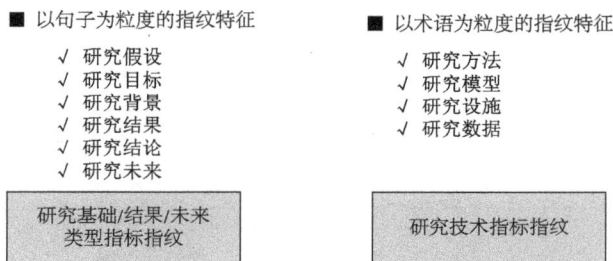

图 3.3 研究设计指纹粒度特征

第二节 总体研究框架

影响研究设计指纹识别的主要相关因素为识别科技论文全文中的研究设计指纹提供了客观基础与支撑，充分利用这些客观存在的主要相关因素是论文构建指纹识别模型和指纹识别方法的关键和难点。因此，本书以上述主要相关因素为解决问题的切入点，设计了一套基于科技论文研究设计指纹识别的技术方法体系，总体研究框架如图 3.4 所示。

```
┌─────────────────────────────┐      ┌─────────────────────────────┐
│     研究设计指纹概念模型构建      │      │    研究设计指纹线索发现与计算     │
└─────────────────────────────┘      └─────────────────────────────┘

           科技文献全文                           科技文献全文

    ┌────────────────────┐              ┌────────────────────┐
    │ 科技文献全文结构与知识  │              │     知识对象抽取      │ ← 领域词表
    │     内容分布分析      │              │                    │    如IEEE
    │ ┌────┐┌────┐┌────┐ │              │    ┌──────────┐   │
    │ │修辞 ││科研 ││科技 │ │              │    │ 术语词抽取  │   │
    │ │结构 ││论文 ││期刊 │ │              │    └──────────┘   │    事实抽取
    │ │理论 ││写作 ││检查 │ │              │    ┌──────────┐   │  ┌──────────┐
    │ │IMRAD││指南 ││单   │ │              │    │命名实体抽取 │   │  │语义行为词抽取│
    │ └────┘└────┘└────┘ │              │    └──────────┘   │  └──────────┘
    │ ┌────┐┌────┐┌────┐ │              │    ┌──────────┐   │  ┌──────────┐
    │ │知识 ││知识 ││知识 │ │              │    │ 共指词汇链  │   │  │ 主体词抽取 │
    │ │术语 ││行为 ││句子 │ │              │    └──────────┘   │  └──────────┘
    │ └────┘└────┘└────┘ │              └────────────────────┘  │ 客体词抽取 │
    │ ┌────┐   ┌────┐    │              ┌────────────────────┐  └──────────┘
    │ │知识 │←→ │对象 │    │              │     句子语法解析      │
    │ │对象 │   │属性 │    │              │    ┌──────────┐   │    指纹特征词库
    │ └────┘   └────┘    │              │    │ Token抽取  │   │
    └────────────────────┘              │    └──────────┘   │
    ┌────────────────────┐              │    ┌──────────┐   │    指纹特征行为词库
    │  研究设计指纹概念模型   │              │    │ 词角色标注  │   │
    │        论文         │              │    └──────────┘   │
    │   DC元数据描述       │              │    ┌──────────┐   │
    │              设计指纹 │              │    │ 词性标注   │   │
    │   设计指纹  设计指纹   │              │    └──────────┘   │
    │   设计指纹属性        │              └────────────────────┘
    └────────────────────┘              ┌────────────────────┐
                                        │   指纹线索词发现与计算  │
                                        │  ┌──────────────┐  │
                                        │  │   指纹线索词    │  │
                                        │  └──────────────┘  │
                                        │  ┌──────────────┐  │
                                        │  │ 指纹线索规则模式集 │  │
                                        │  └──────────────┘  │
                                        └────────────────────┘

            ┌─────────────────────────────┐
            │      研究设计指纹识别方法模型       │
            └─────────────────────────────┘

   篇章研究设计      ┌──────────────┐      ┌──────────────┐
   指纹知识库        │  基于术语粒度    │      │  基于句子粒度    │
                   │  指纹识别算法    │      │  指纹识别算法    │
   研究设计 研究目标  │ 语料库的术语指纹规则│      │语义指示词规则 语义行为词规则│
   研究背景 研究方法  │ 所在句子中指纹规则 │      │ 语义词序列对规则 │
   研究工具 研究数据  │  行为词的指纹规则  │      │篇章修辞规则 句子位置规则│
   研究结论 研究未来  │   SOX属性规则   │      │语料库规则 上下文规则│
                   │ 句子所在修辞结构规则│      └──────────────┘
   基于句法规则指纹特征校正└──────────────┘
```

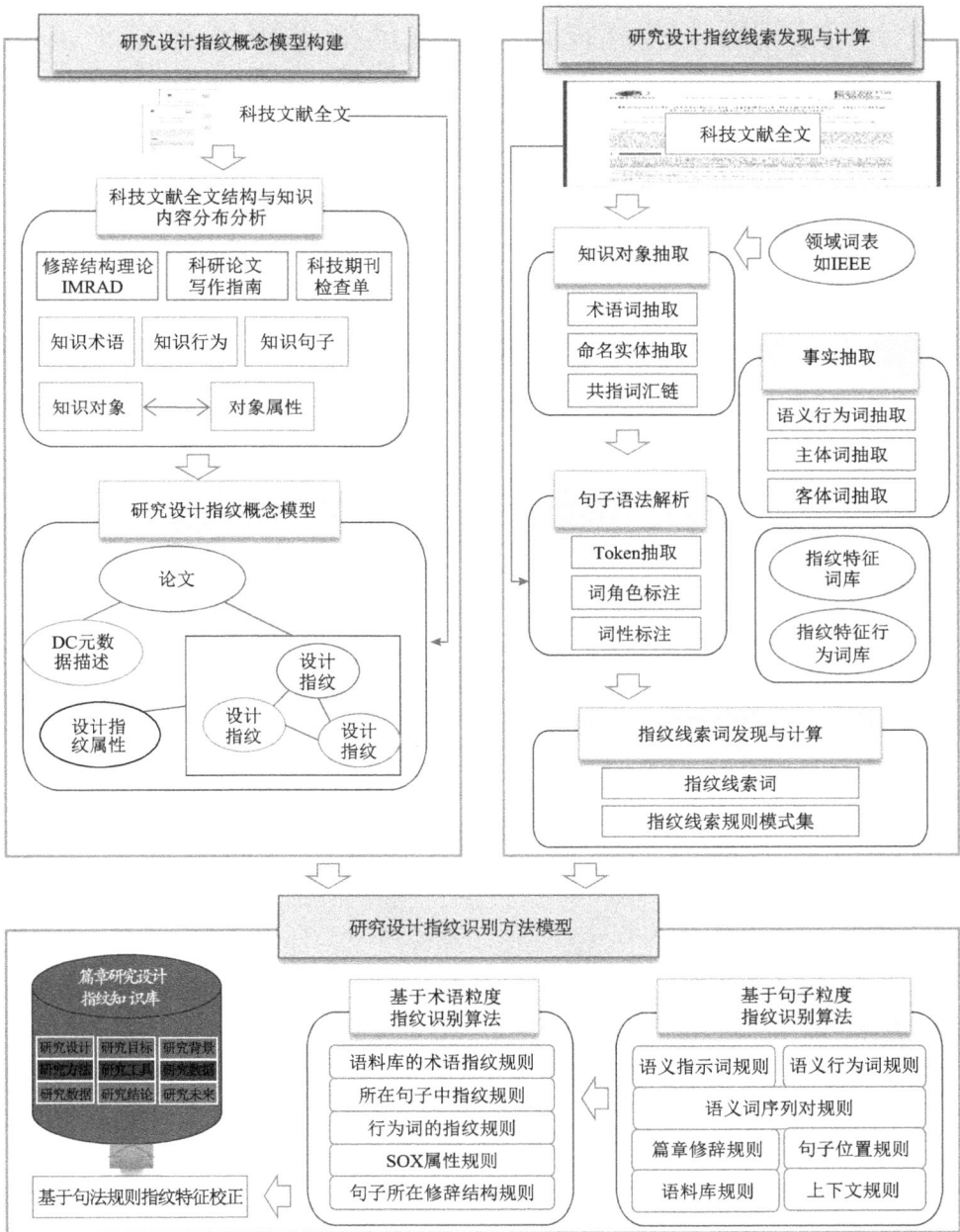

图 3.4 基于科技论文研究设计指纹识别的技术方法体系总体研究框架

第三节　研究设计指纹描述概念模型构建关键问题和解决方案

研究设计指纹描述概念模型是用于支撑语义化、结构化地加工组织科技论文全文知识单元的规范标准，保障实现从传统的便携式文档格式（PDF）自由文本表示到智能化组织的革新性转化。在本书中，研究设计指纹描述概念模型既是整个研究的切入点，也是最终知识单元能够语义化组织并用于智能计算与分析的关键。因此，此模型的构建是本书的关键问题之一。具体解决方案将从以下两个方面设计与实现。

一、基于科技论文的内容特征，抽象出概念模型的知识构件

第一，基于 DC 元数据标准的内容特征，仍然作为概念模型的构件之一，从题名、作者、机构、摘要、关键词、主题、来源、出版日期及参考文献等方面对科技论文进行描述。

第二，从知识段落的层面，对科技论文的内容进行描述，即从标题、段落与句子三个层面，对论文的内容进行抽取与组织，以供研究设计特征指纹的知识关联与知识结果的循证。

第三，从命名实体的知识内容特征抽象出知识构件，如科技论文中描述的人物、地点、时间、数据、投入、产出等。其中，数据的描述又可以考虑是中间数据还是结果数据等属性。

第四，从术语知识对象的内容特征进行考虑，用于揭示研究主题、研究方向及可能的研究线索知识。

第五，从科技论文描述的研究设计指纹的内容特征抽象出知识构件，即从研究背景、研究目标、研究假设、研究方法、研究工具、研究数据、研究结果、研

究结论及研究趋势九个研究过程，进一步提炼出科技论文的核心话题、解决方案及其应用实践的效果。

二、基于面向科研工作流的思维，作为概念模型构建的主线

在一定程度上，一篇科技论文是科研人员对原有成果的再次研究与总结分析，其研究思维与表达意图是遵循科学研究方法与具体研究规范的，即所谓的科研工作流。该科研工作流在本研究范围内具体描述如下：面对一个研究问题，首先，调研与分析相应的研究背景及现状，进而确定所做的研究目标；其次，在已有研究方法的基础上，设计实现研究目标相应的研究方法，在其设计的研究环境下，开展实验，进而得出研究结果，并得出相应的研究结论；最后，在上述基础上，总结并展望未来可能的研究方向。因此，以科研工作流过程作为概念模型构建的主线，抽出各个研究阶段的重要指纹特征知识，进而按照流程顺序把各部分组织并相互关联起来。

具体实现方法，即利用面向对象的技术实现思维，将科技论文的全文内容知识单元依据研究设计指纹的种类进行分类组织，即在内容特征分析的基础上，将科技论文的核心内容根据其在全文不同功能作用的类型，抽象出研究设计指纹，在此基础上设计并提取各个功能类的特征属性，将全文知识单元无缝地重构并关联起来。上述的具体构建过程如图 3.5 所示。

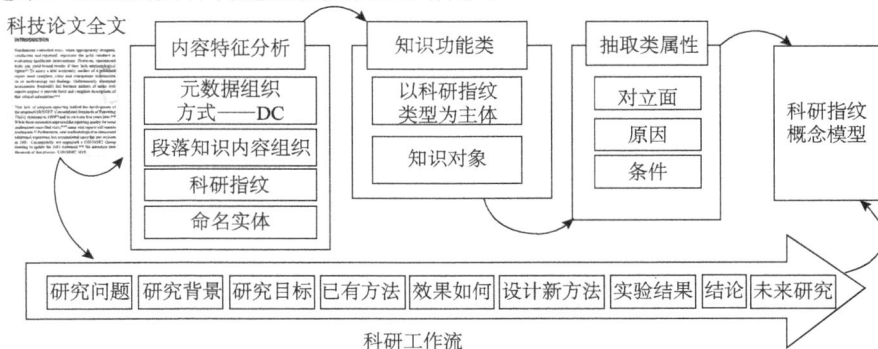

图 3.5　研究设计指纹描述概念模型构建解决方案

第四节　研究设计指纹线索发现与计算关键问题和解决方案

为了将以非结构化自由文本表示的科技论文全文内容有效地转换成语义化、结构化的研究设计指纹知识对象,指纹线索的发现与计算是整个识别过程最关键性的基础工作。其中,指纹线索包括指纹线索术语词与指纹线索规则,其为研究设计指纹识别方法模型的实现提供了知识基础语料库,即结构化、语义化的知识对象与知识模式集合。

具体解决方案分为以下四个方面（图 3.6）。

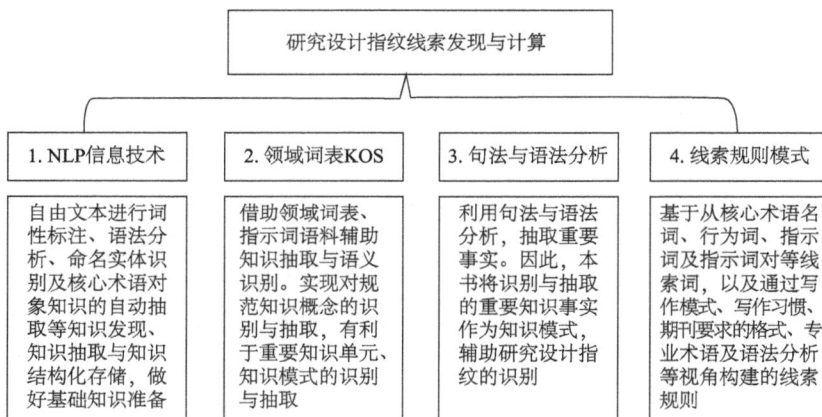

图 3.6　研究设计指纹线索发现与计算解决方案示意图

（1）利用 NLP 信息技术对非结构化的科技论文全文内容进行解析,实现对科技论文自由文本的标记解析、分词、词性标注、语法分析、命名实体识别、依存句法分析、时间短语识别,以及核心术语对象知识的自动抽取等知识发现、知识抽取与知识结构化存储,为指纹线索的发现与计算做好基础知识准备。例如,对下面句子的部分解析结果分析：In 1997 Huang, extended the k-means algorithm to propose the k-modes algorithm whose extensions have removed the numeric-only limitation of the k-means algorithm and enable the k-means clustering process to be used to efficiently cluster large categorical data sets from real world databases.

一是语义角色解析结果，可以辅助判断核心词的识别与提取，结果如下：null|O|S|null|X|null|null|null|P|null|O|null|P|null|O|null|S|null|P|null|O|null|null|X|null|P|null|O|null|null|null|null|null|P|O|null|X|null|。

二是词性标注结果，可以辅助判断提取核心行为词、术语词及主被动实施行为，结果如下：IN|CD|NNP|,|NN|,|CD|,|VBD|DT|NN|TO|VB|DT|NN|WP\$|NNS|VBP|VBN |DT|NN|IN|DT|NN|CC|VB|DT|NN|TO|VB|VBN|TO|RB|VB|NNS|IN|NNS|.|。

三是相应的标记解析结果，抽取具体的术语词、行为词、代词及形容词，结果如下：In|1997|Huang|, |extended|the|k-means algorithm|to|propose|the|k-modes algorithm|whose |extensions|have|removed|the|numeric-only limitation|of|the|k-means algorithm|and|enable|the＿＿＿＿＿＿|k-means clustering process|to|be|used|to|efficiently|cluster|large categorical data sets|from|real world databases|.|。

（2）借助领域本体、领域叙词表、领域指纹特征指示词语料库来辅助知识抽取与语义识别，实现对规范知识概念的识别与抽取，该方法有利于重要知识单元、知识模式的识别与抽取，优势主要体现在两个方面：一方面，识别与抽取的术语词是规范的，受到自由词的干扰较少，从而增强了指纹术语词识别与抽取的准确度与规范性。另一方面，一些领域本体词或者叙词表及相应的指示词，本身具有指纹特征的语义标签，该方法可以直接赋予识别出的指纹术语词具体的特征类型，同时还可以借助本体或者叙词表来丰富与扩展研究设计指纹术语词的其他语义关联关系。本书将利用科技知识组织体系（STKOS）、国际电气与电子工程师学会（IEEE）叙词表，以及作者在科技论文中标注出的指纹指示词语料来辅助指纹线索的发现。

（3）利用句法与语法分析，抽取出科技论文中描述的重要事实。一条知识事实是具有语义的智慧信息，如下面句子中的描述：In this work, we propose a new ensemble construction method which applies ACO to the stacking ensemble construction process to generate domain-specific configurations，抽取出事实 we +propose + new ensemble construction+ method，该事实包含了行为的实施者我们（we）、行为提出（propose）、核心术语新的集成建设（new ensemble construction）、指示词方法（method），基于这些证据事实，即可判断新的集成建设是一个研究方法。因此，本书将识别与抽取的重要知识事实作为知识模式，辅助研究设计指纹的识别。另外，事实数据中行为角色，也作为本书研究并利用的重要知识线索，辅助指纹特征类型的识别。如，研究方法的行为角色普遍使用"提出"，研究工具的行为角色普遍使用"使用"，研究结果的行为角色大多使用"表明"等。

（4）设计线索词与线索规则模式集的抽取与构建算法。线索词，即从自动识别出的规范与非规范的核心术语名词、行为词、指示词及指示词对等。而线索规则的构建通过写作模式、写作习惯、期刊要求的格式、专业术语及语法分析等视角实现。例如，研究方法的线索规则有使用方法、解决问题及利用等。

第五节　研究设计指纹识别方法模型构建关键问题和解决方案

在已经具有概念模型、研究基础知识的前提下，如何设计指纹识别方法模型，实现研究设计指纹的识别，既是一个关键核心问题，又是本书讨论的核心。研究设计指纹识别方法模型实现了原有无语义标签的句子及术语的自动指纹特征的语义标注功能（图 3.7）。

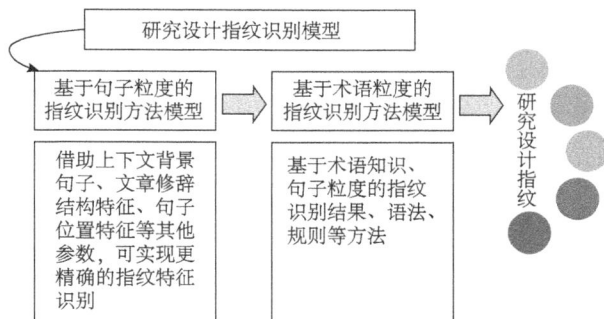

图 3.7 研究设计指纹识别模型解决方案示意图

具体解决方案如下。

一、基于句子粒度的指纹识别方法模型

一个句子作为科技论文内容的重要知识单元，相对于一个词或者术语而言，能够较为全面、详细地表述撰写目的，同时也可以借助一个句子的上下文背景数据信息，进一步地来确定当前句子的研究设计指纹特征知识类型，同时借助该句子所在文章修辞结构特征、位置特征等其他参数，可实现更精确的指纹特征类型的识别与标注。具体而言，本书将从语义指示词、语义行为词、语义共现词、所在段落位置、所属修辞方法特征其他辅助规则（如句子上下文背景）等视角来设计与实现指纹识别方法模型。另外，语料库规则与上下文指纹类型规则也是句子识别特征类型判别的重要参考依据，主要算法设计体现如下：Various types of clustering methods have been proposed and developed, see, for instance（Jain Dubes, 1988），该句子在例如的指示词、已经提出的过去完成时语态及出现的句子的介绍的修辞段落中，利用这些特征，初步可以标注该句子的指纹特征类型是一个"研究背景"句子。

二、基于术语粒度的指纹识别方法模型

对于研究方法为代表的技术指纹特征，科研活动中主要基于术语知识来表示，因此，基于术语粒度的指纹识别方法模型的构建是研究设计指纹识别总体模型的重要组成部分。

根据一个术语词在句子与文中所要表述的目的，本书在设计与实现基于术语粒度的指纹识别方法模型中，主要从语料库特征、所在句子指纹特征、所在句子行为词的指纹特征、语法角色（SOX）属性特征及句子所在修辞结构特征五个方面来综合判定一个术语知识最可能的研究设计指纹特征类型。而且，该识别方法模型是在基于句子粒度的指纹识别方法模型之后执行，因为术语所在句子的指纹特征是该术语所具有指纹特征的重要影响因素之一。例如，一个段落中连续出现的两个句子中术语粒度的指纹特征类型识别。

第一句：In Coolcat algorithm（ Barbara, Couto, Li, 2002），the MaxMin distances method is used to find the k most dissimilar data objects from the data set as initial seeds.

第二句：However, the method only considers the distance between the data objects, by which outliers maybe be selected.

第一个句子被标注为研究方法指纹，即 MaxMin distances method 可能是一个研究方法，而第二个句子出现的一个共现词——the method，利用上下文背景数据信息，进一步增强了第一个句子术语 MaxMin distances method 的指纹特征类型强度，而且该词也具有 method 的指示词特征，基本可以确定 MaxMin distances 这个术语是一个研究方法。

上述解决方案的具体实现请参见第五章。

第四章 研究设计指纹概念模型研究与构建

本章重点为研究设计指纹概念模型结构化描述的理论方法,主要包括研究设计指纹概念模型构建依据、原则、过程,之后结合一篇科技论文全文知识内容进行概念模型的实例化应用展示,最后对研究设计指纹概念模型的应用场景进行探索式的分析。

通过对研究设计指纹概念模型的研究与构建,本书形成一种描述科技论文知识单元的数据模型,利用研究设计指纹将科技论文知识单元以一种结构化、语义化与关联化的标准进行组织,使科技论文转换成机器可计算与理解的智能文献载体,成为辅助科研用户快速阅读与掌握科研成果的新的信息手段。

第一节 研究设计指纹概念模型构建依据

科技论文是研究发现过程的再现,是科研人员在科学实验(或试验)的基础

上，对科学现象和问题进行科学分析、综合研究和阐述，进一步开展现象和问题
的研究，总结和创新另外一些结果和结论，并按照科技期刊的要求进行电子文本
表达。所以，整个撰写过程是按照科学研究方法进行的再深入研究。

研究设计指纹概念模型的构建是基于上述研究背景，使用面向科研过程工作
流思维作为模型构建主线，如图4.1所示，抽出各个科研过程中的重要指纹特征
知识，使用规范的数据模型，按照一定的规则进行结构化组织与关联，最终形成
研究设计指纹概念模型。

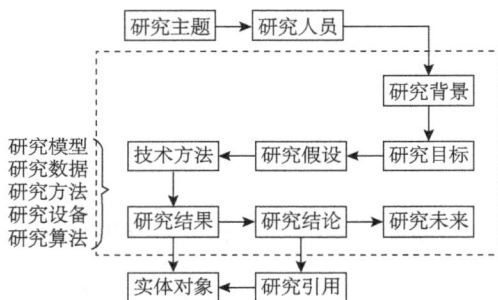

图4.1　科研过程抽象工作流示意图

第二节　研究设计指纹概念模型构建原则

研究设计指纹概念模型涉及科技论文全文的重要知识单元，知识粒度有大有
小，知识类型丰富多样，但为了保障概念模型表示的数据信息结构合理、可扩展
性强及支持机器识别阅读，构建过程应遵循如下四个原则。

（1）科学研究的逻辑性原则。科技论文的内容撰写是遵循科学研究逻辑
思维与科学科研过程规范的。例如，从一个研究问题出发，当前面对什么样

的研究背景，已有哪些研究方法，采用何种研究方法与研究工具，得出什么样的研究结果等。通过应用面向科研过程的逻辑性思维模式，实现满足概念模型可以来挖掘与勾画出一篇科技论文或者一个研究主题的解决方案路径网络图，从而帮助科研人员快速了解一篇科技论文或研究主题的科学研究路径。

（2）智能结构化原则。从知识对象与关系的构建维度，将知识对象进行结构化表示，将知识对象之间的关系进行结构化关联，通过计算机可以表述的语言，实现满足概念模型的智能结构化表示与存储，从而为发现科技论文研究设计指纹之间的证据链提供数据标准基础。

（3）机器可计算与可自动执行性原则。指纹概念模型在满足对科技论文的研究设计指纹进行智能结构化表示的同时，要使用某一种计算机语言进行组织与表示，以满足将科技论文表示为计算机可以计算执行与自动执行阅读理解的载体，方便科技论文知识发现与解决方案的挖掘。

（4）可扩展原则。卓越研究设计也是在原有的基础上创新产生的，因此，概念模型要具有良好的可扩展性，用以支持科技论文中研究设计指纹特征类型的扩展或缩减，从而满足技术创新的需要，即在组织好研究方法、研究工具、研究模型等研究设计指纹的同时，也实现了科学研究设计指纹的再创造，从而可以更好地解决研究问题。

第三节　研究设计指纹概念模型构建过程

研究设计指纹概念模型基于 Schema 的新视角，为科技论文知识内容的结构化组织提供一个数据模型，它包括描述科技论文元数据（如标题、摘要等）、研究人员、研究机构及研究设计指纹基础概念等组件。

一、概念模型 Schema 设计

研究设计指纹概念模型要满足科技论文蕴藏的重要知识单元结构化的重组，支持知识单元之间的相互关联、计算与发现等知识挖掘活动，因此，需要设计相应的 Schema 框架结构。

（一）概念模型 Schema 设计参考标准

以轻量级的 XML 为基础，参考利用 DC 元数据标准与 RDF 资源描述标准实现对研究设计指纹概念模型数据进行结构化表示与存储。

（1）DC 元数据标准。例如，标题、关键词及摘要等元数据在描述一篇科技论文时仍然具有关键的角色，其对于科研用户在快速了解一篇文献的研究内容时仍然具有重要的作用。与此同时，科研用户也习惯了具有传统历史的 DC 元数据描述规范，因此，本书在进行概念模型 Schema 设计时，仍然基于 DC 元数据标准将科技论文的元数据内容纳入概念模型中。

（2）RDF 资源描述标准。RDF 是一个用于表达关于 W3C 上资源的信息的语言，RDF 主体思想是用 Web 标识符（称作统一资源标识符，Uniform Resource Identifiers，URI）来标识事物，用简单的属性（property）及属性值来描述资源。本书将科技论文的段落、句子、研究设计指纹及术语对象作为一种知识资源进行描述与表示，在规范化表示知识内容的同时，增强了知识内容的关联性、扩展性等方面的优势。

主要使用的具体标准包括以下六部分，其中第六部分是本书根据所提出的研究设计指纹的概念特征自行设计提出的，具体如下：①xmlns:xsd=http://www.w3.org/

2001/XMLSchema#；②xmlns:dc=http://purl.org/dc/elements/1.1/；③xmlns: dcterms=http://purl.org/dc/terms/；④xmlns:schemaorg= http://schema.org/WebPage/；⑤xmlns:rdf=http://www.w3.org/1999/02/22-rdf-syntax- ns#；⑥xmlns:RDFPbase= http://www.las.ac.cn/researchdesign/researchbase/1.0/。

（二）概念模型层次结构

研究设计指纹概念模型共分三个层次，自上而下即概念模型根节点层次、文献全文层次和科学研究设计层次，如图 4.2 所示。

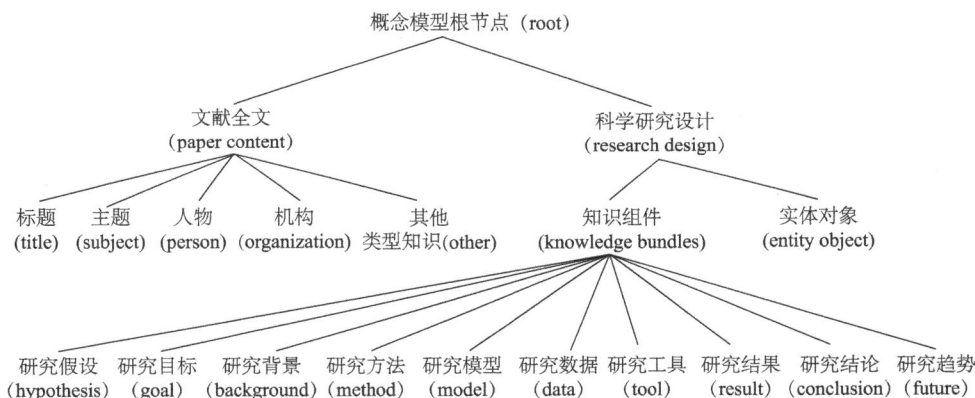

图 4.2　研究设计指纹概念模型层次结构

（三）概念模型关联关系

研究设计指纹概念模型所表示的关联关系自里至外分为三个区域，即知识分析视角、术语对象、研究设计指纹，其解释与关联关系描述如下。

（1）知识分析视角：指用户可以从科技文献、研究人员与研究主题三个视角出发，追踪与发现相关的术语对象、相关的研究设计指纹，清晰地揭示一个研究或者一篇文献的知识脉络。

例如，科技论文 "Efficient colossal pattern mining in high dimensional datasets" 具有的研究设计指纹：研究主题有 pattern mining；研究背景有 A fundamental problem for mining association rules is to mine frequent itemsets；研究目标有 Colossal pattern mining is described as a solution to reduce the amount of output set of mining patterns；研究方法有 Bottom-up mining；研究结果有 Our experimental result shows that our algorithm attains very good mining efficiencies on various input datasets。

（2）术语对象：描述一个句子或者一个段落的核心知识对象。

（3）研究设计指纹：指本书所要识别的九种指纹类特征类型，即研究假设、研究背景、研究目标、研究方法、研究数据、研究工具、研究结果、研究结论与研究趋势。

研究设计指纹概念模型关联关系即实现知识分析视角、术语对象与研究设计指纹之间及各自内部的知识关联组织（图 4.3）。

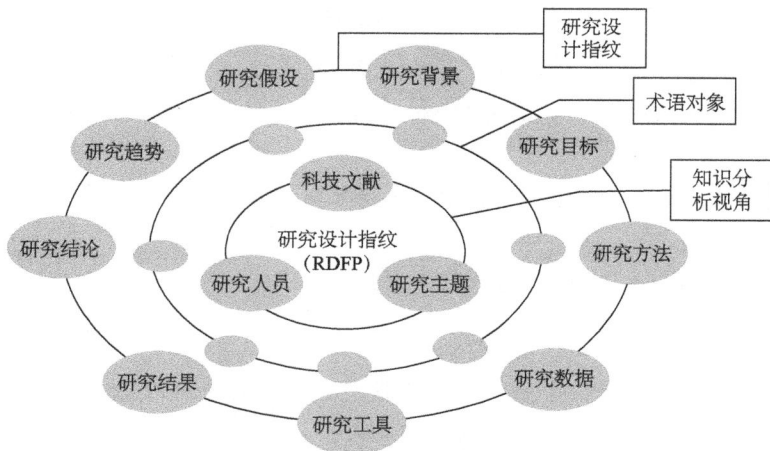

图 4.3　研究设计指纹概念模型关联关系

（四）概念模型描述架构

研究设计指纹概念模型描述架构的 Schema 的主要节点描述如表 4.1 所示。

表 4.1　研究设计指纹概念模型重要 Schema 标签列表

序号	标签名称	描述
1	`<RDFPbase:FingerprintList>`	概念模型根节点
2	`<RDFPbase:Paper rdf:about="#paper1">`	文章资源标识
3	`<dc:title></dc:title>`	基于 DC 标准的标题标识
4	`<RDFPbase:RDFPBody  value="Methods">`	文章内容标识，其中 value 值表示的是 Header 标识
5	`<RDFPbase:Paragraph rdf:about="#p1">`	段落资源标识
6	`<RDFPbase:Sentence  rdf:about="#s1">`	句子资源标识
7	`<schemaorg:Person></schemaorg:Person>`	人资源标识
8	`<schemaorg:Organization></schemaorg:Organization>`	组织资源标识
9	`<RDFPbase:ResearchDesign>`	研究设计根节点
10	`<RDFPbase:EntityObject rdf:about="#object1">`	实体对象资源标识
11	`<RDFPbase:inSentence rdf:resource="#s1"/>`	句子资源标识
12	`<RDFPbase:MethodList>`	研究方法列表标识
13	`<RDFPbase:Method rdf:about="#method1">`	研究方法资源标识
14	`<RDFPbase:MethodDescription>`	研究方法描述
15	`<RDFPbase:upMethodDescription>`	背景描述
16	`<RDFPbase:downMethodDescription>`	背景描述
17	`<RDFPbase:type>method</RDFPbase:type>`	指纹特征类型
18	`<RDFPbase:novelty>yes</RDFPbase:novelty>`	新颖性
19	`<RDFPbase:advantage>yes</RDFPbase:advantage>`	先进性
20	`<RDFPbase:condition></RDFPbase:condition>`	条件约束性
21	`<RDFPbase:reason></RDFPbase:reason>`	原因
22	`<RDFPbase:evidence rdf:resource="#s1">`	证据

研究设计指纹概念模型 Schema 详细描述如下：

```
<?xml version="1.0" encoding="UTF-8"?>
```

```
<RDFPbase:FingerprintList
    xmlns:xsd="http://www.w3.org/2001/XMLSchema#"
    xmlns:dc="http://purl.org/dc/elements/1.1/"
    xmlns:dcterms="http://purl.org/dc/terms/"
    xmlns:schemaorg="http://schema.org/WebPage/"
    xmlns:rdf="http://www.w3.org/1999/02/22-rdf-syntax-ns#"
    xmlns:RDFPbase="http://www.las.ac.cn/researchdesign/r
esearchbase/1.0/">
<RDFPbase:Paper rdf:about="#paper1">
    <dc:title></dc:title>
    <dc:creator></dc:creator>
    <dc:abstract></dc:abstract>
    <dc:keywords></dc:keywords>
    <dcterms:subject></dcterms:subject>
    <dcterms:subject></dcterms:subject>
    <dcterms:subject></dcterms:subject>
        <RDFPbase:RDFPBody>
            <RDFPbase:Paragraph orbype=
              "#abstract "rdf:about="#p1">
                <RDFPbase:Sentence  rdf:about="#s1">
                    <sentectDiscription></sentectDiscription>
                    <fingerTpye></fingerTpye >
                </RDFPbase:Sentence>
            </RDFPbase:Paragraph>
        </RDFPbase:RDFPBody>
        <schemaorg:Person></schemaorg:Person>
        <schemaorg:Organization></schemaorg:Organization>
    </RDFPbase:Paper>
```

```
<RDFPbase:ResearchDesign>
<RDFPbase:EntityObject rdf:about="#object1">
     <RDFPbase:objectName></RDFPbase:objectName>
     <RDFPbase:inSentence rdf:resource="#s1"/>
  </RDFPbase:EntityObject>
  <RDFPbase:MethodList>
     <RDFPbase:Method rdf:about="#method1">
        <RDFPbase:MethodDescription>
        </RDFPbase:MethodDescription>
        <RDFPbase:upMethodDescription>
        </RDFPbase:upMethodDescription>
        <RDFPbase:downMethodDescription>
        </RDFPbase:downMethodDescription>
        <RDFPbase:inSentence rdf:resource="#s1"/>
        <RDFPbase:type>method</RDFPbase:type>
        <RDFPbase:novelty>yes</RDFPbase:novelty>
        <RDFPbase:advantage>yes</RDFPbase:advantage>
        <RDFPbase:condition></RDFPbase:condition>
        <RDFPbase:reason></RDFPbase:reason>
        <RDFPbase:evidencerdf:resource="#s1"></RDFPb
           ase:evidence>
     </RDFPbase:Method>
  </RDFPbase:MethodList>
  <RDFPbase:BackgroundList>
  ......
  </RDFPbase: BackgroundList >
  <RDFPbase:GoalList>
  ......
```

```
        </RDFPbase: GoalList >
        <RDFPbase:ModelList>
        ……
        </RDFPbase: ModelList >
        <RDFPbase:ToolList>
        ……
        </RDFPbase: ToolList >
        <RDFPbase:DataList>
        ……
        </RDFPbase: DataList >
        <RDFPbase:ResultlList>
        ……
        </RDFPbase: ResultlList >
        <RDFPbase:ConclusionList>
        ……
        </RDFPbase: ConclusionList >
        <RDFPbase:FuturelList>
        ……
        </RDFPbase: FuturelList >
    </RDFPbase:ResearchDesign>
 </RDFPbase:FingerprintList>
```

二、概念模型知识构件设计

基于科技论文的知识结构，达到最终转换的文献知识内容具有可自动计算执行性的目标，本书提出知识构件的概念，即用于描述与表示某一类功能作用的知识单元，如研究方法知识构件、研究数据知识构件等，其中在对一个知识构件进行描述时，本书参考 W3C 发布的 ORB 指南规范 Schema，利用构件类和构件属性，以语义化组织为目标，将各个种类的知识构件进行有机关联，从而实现自由文本表示的科技论文转换成智能型的、可自动计算的及支持科研人员可"玩"（play）的科研成果。

（1）知识构件类。知识构件类共分为十个类型，即研究背景、研究目标、研究假设、研究方法、研究数据、研究工具、研究结果、研究结论、研究趋势及实体对象，其在概念模型中的规范标签名称如表 4.2 所示。

表 4.2 研究设计指纹概念模型知识构件类列表

序号	知识构件类规范标签名称	描述
1	`<RDFPbase: Background rdf:about="#background1">`	研究背景资源标识
2	`<RDFPbase: Goal rdf:about="#goal1">`	研究目标资源标识
3	`<RDFPbase: Hypothesis rdf:about="#hypothesis1">`	研究假设资源标识
4	`<RDFPbase: Method rdf:about="#method1">`	研究方法资源标识
5	`<RDFPbase: Data rdf:about="#data1">`	研究数据资源标识
6	`<RDFPbase: Tool rdf:about="#tool1">`	研究工具资源标识
7	`<RDFPbase: Result rdf:about="#result1">`	研究结果资源标识
8	`<RDFPbase: Conclusion rdf:about="#conclusion1">`	研究结论资源标识
9	`<RDFPbase: Future rdf:about="#future1">`	研究趋势资源标识
10	`<RDFPbase: EntityObject rdf:about="#object1">`	实体对象资源标识

（2）知识构件类属性。知识构件类属性主要用于更全面、更客观地描述科技论文中的知识单元组件，同时也通过这些属性让其他知识单元有效地关联起来，具体属性信息如表 4.3 所示。

表 4.3 研究设计指纹概念模型知识构件类属性信息表

序号	属性规范名称	描述
1	`<RDFPbase: inSentence rdf:resource="#s1"/>`	指纹所在的句子
2	`<RDFPbase: type>method</RDFPbase:type>`	指纹的类型
3	`<RDFPbase: novelty>yes</RDFPbase:novelty>`	指纹的新颖性

序号	属性规范名称	描述
4	\<RDFPbase: advantage\>yes\</RDFPbase:advantage\>	指纹的先进性
5	\<RDFPbase: condition\>\</RDFPbase:condition\>	指纹具有的条件
6	\<RDFPbase: evidence rdf:resource="#s1"\>	指纹具有的证据链
7	\<RDFPbase: isOwn\>yes\</RDFPbase:isOwn\>	指纹是否属于作者

第四节　案例展示——以单篇科技论文为例

揭示概念模型结构

以科技论文 *Analysis the effect of data mining techniques on database* 为案例，利用研究设计指纹概念模型，将自动识别与抽取的知识进行结构化组织、关联与存储，即将研究方法、研究背景等九种特征指纹及支持相关特征指纹的段落、句子和重要知识对象，基于 XML 进行结构化组织，使一篇原有以自由文本表示的科技论文快速转换为计算机可计算、可执行与可理解的智能载体，详细请参见附录 3。

第五节　应用场景探索

以上介绍了基于科技论文的研究设计指纹概念模型，但在科研成果数字化、文本数量激增的信息环境下，该模型在应用场景方面仍需进一步明确与论证，即需要明确如何应用该模型以帮助科研人员快速发现科技论文中的重要知识及相互之间的脉络关系。该模型能否对未来科技论文的出版提供标准规范的帮助，能否为科研人员提供一个写作思路上的标准语义框架以最终实现与语义出版的无缝集成，是本书在应用场景方面的探索。下面，笔者主要从挖掘科技论文中心主题、绘制科技论文知识骨干网络图和支持语义出版三个视角对研究设计指纹概念的应用优势进行分析与论证。

（1）挖掘科技论文中心主题。如何快速、准确地识别出科技论文的中心主题、一般主题及分析出主题间的结构关系，历来是文本挖掘中的重要研究课题。随着语言分析、信息抽取和社会网络分析等方法的发展，一些新的解决思路和方法正在涌现。而通过科技论文研究设计指纹概念模型，不仅可以将文献主题从指纹特征的粒度进行结构化组织，而且也揭示了文献主题和指纹特征粒度相互之间的关系，进而快速创建科技论文的主题结构网络图，辅助科研人员快速了解所关注文献论述的中心主题。

（2）绘制科技论文知识骨干网络图。研究设计指纹概念模型从研究设计的视角组织与揭示一篇科技论文，即识别它的具体研究内容及研究背景、研究方法、研究工具、研究数据、研究结果和研究结论等研究设计指纹，形成科技论文的知识骨干网络图，从而帮助科研人员迅速掌握该领域最新或最有效的研究方法、研究工具等。

（3）支持语义出版。语义出版2009年被首次提出，肖顿等将其概念界定为"提升期刊文章的语义，以促进其自动获取为目的，通过构建语义相关的文章之间的链接，提供多种获取文章内数据的可行途径，也使文章之间的数据整合更容易实现"。肖顿又提出，语义出版能够极大地提高科学交流效率，语义出版提供的增值服务能获得合理的商业回报，在学术出版领域将得以推广实施。Xu认为，随着语义出版研究的推进，目前科学出版领域关注的重点在于改善知识对象在产生、传播、演进、发布和重用这一生命周期中的语义。在上述语义出版发生与发展的背景下，研究设计指纹概念模型将科技论文进行语义化、结构化组织，将以一种新的模式支持科技论文内核心知识内容的识别、提取与计算，科技论文之间知识关联、整合及研究成果的传播，使科技论文成为计算机可以自动计算、自动阅读的智能产品。

第五章　研究设计指纹识别模型研究与设计实现

本章主要阐述研究设计指纹识别模型研究与设计实现，主要从研究设计指纹线索的发现与计算方法、研究设计指纹识别模型构建、研究设计指纹的科学表示、研究设计指纹识别模型权重值分配规则及研究设计指纹识别方法设计与实现等方面展开论述，基于基础理论与具体的实现方法两个层面，对研究设计指纹识别模型的构建与实现过程进行全面介绍，从而达到对输入的任何一篇科技论文全文即可智能化地识别出该篇文献运用到的每一种研究设计指纹的效果，同时还能够做到按照研究设计的指纹概念模型进行结构化的表示，为科技论文的全文技术挖掘提供智能化的中间件。

第一节　研究设计指纹线索的发现与计算方法

本书在研究设计指纹识别的粒度划分上分为基于句子和术语两个级别。

这种划分更有助于科研用户掌握具体的研究方法及研究的上下文背景，从而突破传统的整篇文献阅读的信息获取模式。鉴于科技论文全文作为非结构化文本而较难识别其指纹特征的问题，本书借助 NLP 的相关技术方法，实现科技论文全文的自动解析、知识重组与结构化存储，为发现研究设计指纹线索提供知识基础。

一、基于知识对象抽取的线索发现方法

知识抽取是指从数字资源中识别、发现和提取出概念、类型、事实及其相关关系、约束规则，以及进行问题求解的步骤、规则的过程。本着这一指导思想，本书将采用知识抽取相关技术方法，实现从知识抽取过程中发现与抽取指纹特征线索，包括线索词和线索模式。具体而言，本书使用 Stanford Core NLP。Stanford Core NLP 是一个集成框架，提供了一套自然语言分析工具，包括词性标注、命名实体识别、分词解析器（parser）、语法分析、共指分析及引导模式学习等功能方法。本章从科技术语词的线索词抽取、句子语法的线索规则及事实的线索模式抽取三个方面，实现研究设计指纹特征线索发现方法的实现，整体线索与计算流程如图 5.1 所示。

（1）基于科技术语词的线索词抽取。首先，通过使用领域科技术语规范库，实现基于句子粒度的线索词抽取，该阶段的抽词能够保证结果准确，但是受到科技术语规范库体量的限制；其次，利用分词解析器实现基于句子粒度的自由术语的识别与抽取，同时结合识别出自由术语的词性规则，以连续词性的最大语义块原则，选择自由术语块作为备选线索词，最大范围地保障术语词的上下文背景；最后，利用一种术语相似度算法，即基于余弦算法实现自由术语词与规范科技术语的相似度计算，以便进一步规范与标注自由术语词，其中在相似度的阈值上选择 0.8，即 $sim(x, y) \geq 0.8$ 时，计算公式如下式所示，其中 x 与 y 是表示两个术语词的向量，$x=<x[1],\cdots,x[m]>$，$y=<y[1],\cdots,y[m]>$。

$$\text{sim}(x,y)=\frac{\sum\limits_{i=1}^{m}x[i]\cdot y[i]}{\|x\|\|y\|}=\text{dot}(x,y)=\sum\limits_{i=1}^{m}x[i]\times y[i]$$

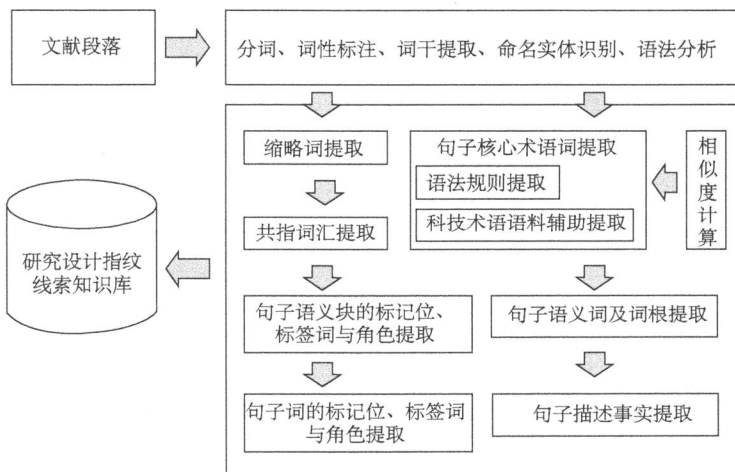

图 5.1　研究设计指纹识别线索发现与计算流程

（2）基于句子语法的线索规则。利用 NLP，基于句子粒度进行标记解析、词性标注及最大语义块的提取，之后进行结构化存储。通过分析这些基于句子语法结构化的基础数据，形成一系列的线索规则，来辅助识别指纹特征类型，如一个识别研究方法指纹特征类型的规则：（JJ|NN|NNS|NNP|NNPS）+（method|approach|measure|…），根据该线索规则，基本可以判定语义块（JJ|NN|NNS|NNP|NNPS）为一个研究方法指纹。

下面是基于句子语法分析的结构化数据。

1）原始句子：However, the performance of the k-modes clustering algorithm which converges to numerous local minima strongly depends on initial cluster centers.

2）语义块解析：However|,|the|performance|of|the|k-modes|clustering|algorithm|

which|converges|to|numerous|local|minima|strongly|depends|on|initial|cluster|centers|.|

3）语义块词性标注：RB|,|DT|NN|IN|DT|JJ|NN|NN|WDT|VBZ|TO|JJ|JJ|NN|RB|VBZ|IN|JJ|NN|NNS|.|

通过上述语法分析，可以利用规则 JJ|NN|+algorithm，识别与抽取出研究方法指纹：k-modes clustering algorithm。

（3）基于事实的线索模式抽取。James Bessin 在基于大数据开展业务分析中强调，事实抽取作为大数据分析的重要核心组块之一，主要目标是确定重要描述的语义及它们之间的相互关系，特别是从新闻媒体、科技论文、金融报告、健康体检记录、声明及企业存储文档等非结构化数据中提取出知识。而在本书中，利用在科技论文中"形成一个事实的行为动词"为研究切入点，发现和识别与该事实相关的主体、客体、动作、行为、状态、处所及时间等事实属性，以发现研究设计指纹与事实行为的特征关系及线索规则模式，如下述句子：Web administrators, through the Robots Exclusion Protocol, use a special-format file called robots。通过事实抽取规则，则发现以下三个描述事实。

1）Web administrators-》use-》special-format file.

2）Web administrators-》use-》Robots Exclusion Protocol.

3）---》called - 》robots.

其中线索规模的发现与构建过程为：利用指纹规范语料库中的规范指纹特征词，与该事实相关的主体、客体、动作及行为进行匹配，如果匹配成功，则该事实即形成一个指纹线索规则模式，如果线索规则库中已存在，则不存储，直接存入到规则模式库中。而上述句子事实中，其动作及行为 use 与规范库匹配成功，则判断该句子的指纹特征为研究方法，而同时主体及客体没有匹配成功，但是根据该句子的语态为主动语态，推断其客体 special-format file called robots 及 Robots Exclusion Protocol 为研究方法指纹，同时加入规范科技语库中，以进一步学习与丰富规则模式。

二、基于特征指示词的线索方法

通过对科技论文全文的调研及平时科研活动的经验，发现在撰写科技论文内容过程中，研究设计指纹成果的描述具有一定规则的表述习惯及依赖于上下文背景的普遍现象。

例如：This paper <u>proposes</u> a <u>rough set model</u> based on formal concept analysis. In <u>this model</u>, a <u>solution</u> to an algebraic structure <u>problem</u> is first provided in an information system: a lattice structure is inferred from the information system and corresponding nodes are called rough concepts.

上述两个句子是同一篇科技论文中某一个段落的连续两个句子，从中不难看出，指纹特征类型的描述与科研写作规范中的某一些指示性词汇存在着紧密联系，同时也以一定的规则形式在句子的上下文体现，如 propose（提出）rough set model（模型）、this model（该模型）、solution… + problem（问题解决方案）等规律现象，都可以来标识上述两个句子的指纹特征类型为研究模型，而且可以标识 rough set 的指纹特征类型为研究模型。因此，本书基于这一规律现象，提出了基于特征指示词的线索发现方法，具体而言，分为指示性名词线索、指示性行为词线索及指示性共现词线索三种特征指示词线索。

（一）指示性名词线索

通过一个术语名词即可标识一个知识对象的指纹特征类型，即定义为指示性名词线索。例如，<u>The finite projective geometry method</u> was first applied to determine the weight hierarchies，通过指示词 method 基本可以确定 <u>The finite projective geometry</u> 的指纹特征类型为研究方法。通过该规律模式，本书共收集发现相关的指示性名词线索 85 个，如表 5.1 显示的部分信息。

表 5.1　指示性名词线索部分信息表

序号	指示性名词线索	指纹特征类型	序号	指示性名词线索	指纹特征类型
1	tool	tool	11	means	method
2	equipment	tool	12	measure	method
3	instrument	tool	13	algorithm	method
4	device	tool	14	breakthrough	conclusion
5	apparatus	tool	15	model	model
6	experiment	tool	16	comparison	result
7	method	method	17	outcome	result
8	way	method	18	achievement	result
9	approach	method	19	result	result
10	manner	method	20	limitation	conclusion

（二）指示性行为词线索

通过一个行为词即可标识一个知识对象的指纹特征类型，即定义为指示性行为词线索。例如，The finite projective geometry method was first applied to determine the weight hierarchies，通过指示词 applied 基本可以确定该句子的指纹特征类型为研究方法，而根据该句子的句法分析可知，applied 为被动语态，因此，可以推断知识对象 The finite projective geometry 的指纹特征类型为研究方法。通过该规律模式，本书共收集发现相关的指示性行为词线索 59 个，如表 5.2 显示的部分信息。

表 5.2　指示性行为词线索部分信息表

序号	指示性行为词名称	指纹特征类型	序号	指示性行为词名称	指纹特征类型
1	guess	hypothesis	6	establish	goal
2	hypothesize	hypothesis	7	discover	goal
3	think	hypothesis	8	addressed	background
4	believe	hypothesis	9	explored	background
5	investigate	goal	10	use	method

序号	指示性行为词名称	指纹特征类型	序号	指示性行为词名称	指纹特征类型
11	propose	method	16	achieve	result
12	employ	method	17	indicate	conclusion
13	apply	method	18	demonstrated	conclusion
14	raise	result	19	limit	conclusion
15	arrive	result	20	infer	conclusion

（三）指示性共现词线索

通过一个词对、多个单词或多个词组共现的现象即可标识一个知识对象的指纹特征类型，即定义为指示性共现词线索。例如，The finite projective geometry method was first applied to determine the weight hierarchies，通过指示词 method 和 applied 共同出现在一个句子中，基本可以确定该句子的指纹特征类型为研究方法，因为在科技论文描述一个研究方法时，经常以应用（apply）一个方法（method）来解决一个问题。通过该规律模式，本书共收集发现相关的指示性共现词线索 91 个，如表 5.3 显示的部分信息。

表 5.3 指示性共现词线索部分信息表

序号	指示性共现词名称	指纹特征类型
1	manner with	method
2	measure of	method
3	manner of	method
4	way of	method
5	this approach	method
6	this method	method
7	a method	method
8	an approach	method
9	to solve	method
10	solve problem	method
11	overcome problem	method

续表

序号	指示性共现词名称	指纹特征类型
12	to overcome	method
13	with method	method
14	make use of	method
15	analytical method	method

第二节　研究设计指纹识别模型构建

依据第三章第一节"影响研究设计指纹识别的因素分析"，本书提出了以内容、结构与指纹粒度特征的分析视角为切入点，从基于语义术语指示词规则模式构建、基于语义行为词规则模式构建、基于语义共现词规则模式构建、基于篇章修辞结构类型规则模式构建及基于指纹特征位置规则模式构建五个方面，构建支持基于术语和句子粒度的研究设计指纹识别模型，实现基于科技论文全文的研究设计指纹自动识别的方法，总体技术路线如图 5.2 所示。

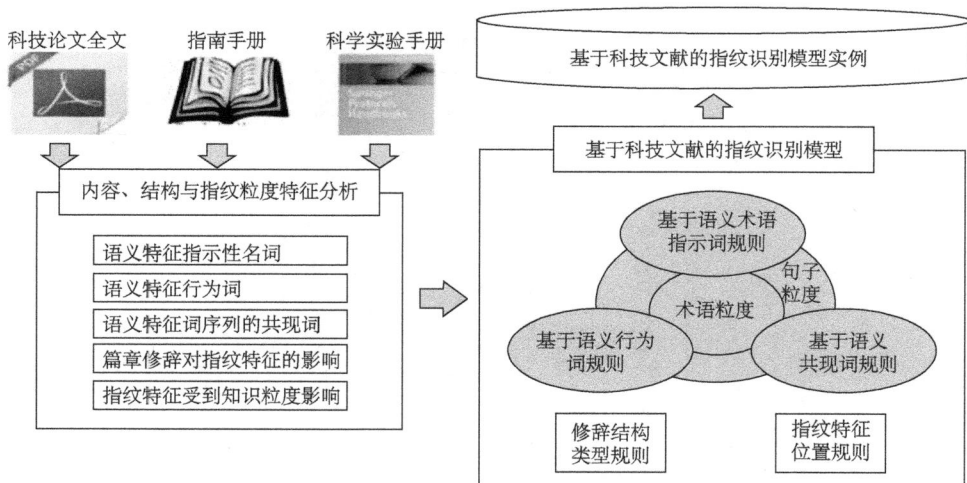

图 5.2　研究设计指纹识别模型技术实施路线

一、基于语义术语指示词规则模式构建

科技论文在描述研究设计指纹成果时，一般要求作者明确给出在科研过程中在什么背景（background）、采用了什么方法（method）、使用了什么工具（tool）、取得了什么结果（result）等，而 background、method、tool 及 result 等指示词，从语义层面上指示了与这些词相连接的核心术语词或者知识句子可能具有的指纹特征类型。例如，从下面两个句子，可以推断 the finite projective geometry 和 both quantitative and qualitative analysis 为研究方法指纹。

（1）The finite projective geometry method was first applied to determine the weight hierarchies.

（2）Several papers dealt with the problem using both quantitative and qualitative analysis methods.

依据上述研究与分析，本书提出了基于语义术语指示词规则模式构建指纹识别模型，具体的规则模式：（形容词|名词）+（语义术语指示词）。以研究方法指纹特征类型为例，其规则模式为：（JJ|NN|NNS|NNP|NNPS）+（method|approach|way|manner|means|measure|），依据此规则模式可实现标识语义指示性词汇前面的核心名词短语块为研究方法指纹。

二、基于语义行为词规则模式构建

Keenon Werling 在改善科技论文自动摘要效果时，提出推导行为的方法，即从九种行为实现重要知识要点的识别与提取，其中包括动词行为词（verb action），本书即基于 verb action，在此称为语义行为词（semantic action）。因为语义行为词本身具有语义角色（semantic role），在一个句子中起着承上（subject）启下（object）的衔接作用，而从句子的语义理解角度，行为词也直接影响到前后的主体及客体概念的语义，本研究定义该模式为，Subject Action Object。例如，句子（1）中的语义行为词 propose，其语义是"提出"，在科技论文中通常照应于"提出"研究思路、研究方法、研究算法等，这里统一归纳于提出研究方法指纹，同时结合语义行为词在该句子中的时态，即基本可以识别可能的指纹特征类型及相应的指纹，如 a graph-theoretic method 研究方法指纹；而句子（2）和句子（3）中的语义行为词 propose 与 apply，根据句子（1）的研究现象，都是表述研究方法指纹的重要指示性词汇，而且二者共同出现在同一个句子中，则为标识此句子为研究设计指纹增加了权重。

（1）We propose a graph-theoretic method for merging the role/object hierarchies of two security policies.

（2）As practical application, we have proposed to apply the strict Galois connection, in order to build a real classifier system for which the imprecision levels adjustment, allows to approximate theoretically, the lowerest error rate that can be obtained by the system.

（3）Rao and Edwards（1971）applied the Monte Carlo coalescence model for reaction with dispersion in tubular reactors.

笔者在阅读相关科技论文全文内容后，人工标引出能够标识出研究设计指纹特征的语义行为词，作为机器学习语料，同时在借助语义指示词、科技术语语义等指纹特征类型的基础上，进一步来自动学习、抽取与丰富语义行为词语料，最终达到使用语义行为词能更精确地辅助研究设计指纹识别与抽取。其形成的规则模式，以研究方法为例：（use|propose|apply|employ）+（JJ|NN|NNS|NNP|NNPS），依据此规则标识指示性词汇后面的核心名词短语块为研究方法指纹。

三、基于语义共现词规则模式构建

在写科技论文中的某一类研究设计指纹时,作者往往使用相对固定的词对或组合词将研究成果更清晰地进行描述与揭示,作者的这种做法遵循了科研论文的写作规范,更重要的是增强了科研成果传播与理解的能力,提高了科研成果被业界所利用的可能性,如下面三个句子,其为了描述研究方法指纹特征,分别使用的语义共现词对为 problem... solve、used as 和 with method。

（1）The resulting nonlinear least squares <u>problem</u> is <u>solved</u> by the <u>Gauss-Newton method</u>.

（2）In artificial intelligence, <u>FCA</u> is <u>used as</u> a knowledge representation mechanism and as a conceptual clustering method.

（3）Evaluation of a survey <u>with methods</u> of <u>formal concept analysis</u>.

基于以上分析现象,本书提出使用语义共现词规则模式识别研究设计指纹的方法,可以实现指纹特征语料库的有效补充与丰富。由于目前各个领域中共现词语料的空缺,因此,此方法实施的基础是需要人工来标注基础的、质量高的语义共现词对,虽然该模式可以使用标识的语料量很有限,但是会促进研究设计指纹特征类型识别的质量相对提高,也有利于使整个语料库进入良性的机器学习环境中。

四、基于篇章修辞结构类型规则模式构建

篇章修辞是科技论文所要表述与传播科研成果的规范框架,揭示了研究设计指纹之间的逻辑结构,典型的是 IMRaD 模型,基本的逻辑结构关系为:研究目标、研究背景及问题等特征指纹基本在介绍修辞结构中描述,而采取的具体研究方法及实现的效果、效率等特征指纹,都在方法修辞结构中描述,最终取得的研

究结果基本在结果修辞结构中描述,即各个类型的篇章修辞都具有自身的描述重点与特点,如科技论文截图 5.3 所示,在介绍修辞结构段落中,描述了研究背景:Most studies have focused on analysis of the text product…

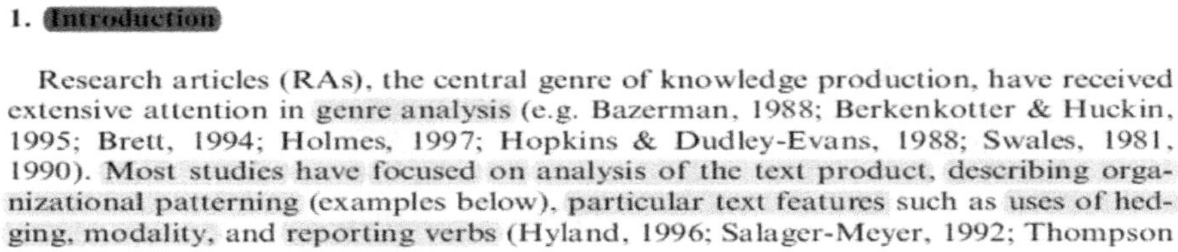

1. Introduction

Research articles (RAs), the central genre of knowledge production, have received extensive attention in genre analysis (e.g. Bazerman, 1988; Berkenkotter & Huckin, 1995; Brett, 1994; Holmes, 1997; Hopkins & Dudley-Evans, 1988; Swales, 1981, 1990). Most studies have focused on analysis of the text product, describing organizational patterning (examples below), particular text features such as uses of hedging, modality, and reporting verbs (Hyland, 1996; Salager-Meyer, 1992; Thompson

图 5.3 篇章修辞结构与指纹特征类型关系示意图

根据这一现象特征,可构建识别模型以辅助指纹特征的识别。例如,当一个知识单元的指纹特征类型被识别为研究背景时,如果这一知识单元所处的修辞结构类型为介绍时,则知识单元被识别为研究背景指纹的强度更强,本书中表现为权重加分。通过语义共现词规则（most study）判定该句子 Most studies have focused…研究背景指纹特征的分值为 2.0 分,同时该句子又在介绍修辞结构中,因此,进一步调整该句子为研究背景特征的分值为（2.0+0.5）分。

五、基于指纹特征位置规则模式构建

科技论文中关于科技研究成果的描述,虽然在相关的研究设计指纹上存在跨段落区域、跨修辞结构区域的现象,比如在介绍与结果区域中都可以描述研究方法指纹特征,但是整体上还是具有一定的顺序特征,参照本章第二节第四部分研究分析结果,位置规则对于指纹特征类型的识别应该具有正相关的作用,即研究设计指纹应该出现在相照应的位置,在本书的识别模型中即表现为一种加分的行为。当然,根据科技论文撰写研究过程的需求,各种指纹特征类型可以出现在任一个段落及任一个修辞结构中。

本书根据上述现象，提出了基于位置规则构建指纹识别模型。例如：规则（1）表示研究假设、研究目标及研究背景指纹出现的位置应该小于修辞介绍的最大位置，如果符合这一规则，则指纹特征类型分值将增加 0.5 分；而规则（2）表示研究结果、研究结论及研究趋势指纹出现的位置应该大于结果修辞的最小位置，如果符合这一规则，则指纹特征类型分值将增加 0.5 分。

（1）Location（hypothesis/background/goal, fingerprint）< Max（Location（Introduction, orb））.

（2）Location（result/conclusion/future, fingerprint）> Min（Location（Result, orb））.

第三节　研究设计指纹的科学表示

作为科技论文中的重要知识单元，研究设计指纹的科学表示能够为指纹特征类型的可识别性、机器可阅读理解性及可计算性等特征提供重要支撑。基于研究设计指纹科学表示的重要性，本书参照了影响与决定指纹特征类型的内容因素及结构因素等理论构建了一套相关指标体系，以科学、有效地组织与表示研究设计指纹。下面，笔者将从研究设计指纹两种粒度的指纹特征及关系和研究设计指纹特征向量表示公式进行介绍。

一、研究设计指纹两种粒度的指纹特征及关系

本书根据指纹的特点将研究设计指纹分为两种粒度，即句子粒度与术语粒度。其中，句子粒度指纹的主要特征是只有通过句子知识单元才能清晰地描述一个实验主题的研究假设、研究目标及研究背景等指纹；而术语粒度指

纹的主要特征是通过一个术语既可以清晰地描述一个实验主题的研究方法、研究工具等指纹特征，同时结合句子粒度的指纹可以进一步揭示术语粒度指纹的上下文语境特征等，帮助用户更好地了解与掌握一个术语粒度的指纹。

关于上述两种粒度的指纹特征介绍，笔者发现，在科技论文中句子粒度和术语粒度二者并不是相互独立存在的，而是相辅相成地共同构成一个科研过程的知识共同体，就二者具体的关系而言，可以分为共现关系与属关系。

（1）共现关系。这一关系主要体现在技术指纹与其他三种类型指纹（基础指纹、结果指纹和趋势指纹）共现在同一个句子知识单元中，如图 5.4所示。

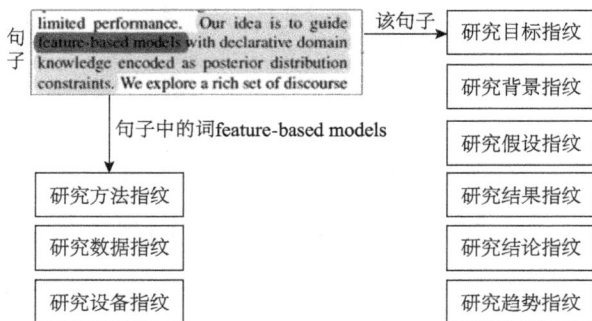

图 5.4　技术指纹与其他类型指纹的共现关系

（2）属关系。基于科技论文的 IMRaD 模型，发现研究设计指纹具有在科技论文中跨修辞结构段落出现的特征，即结论、结果及方法指纹都可能出现在介绍修辞结构中，而这一段落基本是介绍研究背景指纹的，为了更全面地发现与识别一个研究的研究背景指纹，本书将上述现象总结为指纹之间的属关系，即已有的研究方法指纹、研究结果指纹及研究结论指纹都属于一个研究的研究背景指纹，如图 5.5 所示。

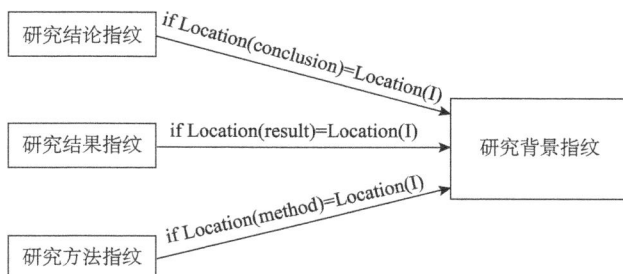

图 5.5　指纹类型之间的属关系

二、研究设计指纹特征向量表示公式

在对研究设计指纹两种粒度的指纹特征及关系分析与研究的基础上，本书提出了研究设计指纹特征向量表示方式，有效地支持了研究设计指纹的表示、识别与计算。具体而言，分为两种类型，即句子粒度的指纹特征向量（sentence fingerprinter space vector，SSV）表示公式和术语粒度的指纹特征向量（term fingerprinter space vector，TSV）表示公式，如图 5.6 所示。

（1）句子粒度的指纹特征向量表示公式。句子粒度的指纹特征向量表示公式主要以与句子知识单元相关的指纹特征类型相关因素为主要指标维度，包括句子的核心术语（core terms）等 10 个维度，详见表 5.4。其表示公式为 SSV=<SentenseID, Text, CoreTerms, CorpusWords, CorpusWordsType, SectionType, Location, ActionType, Action, ActionTense>。

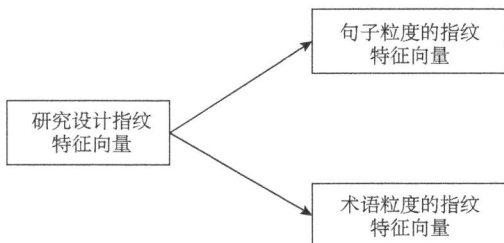

图 5.6　研究设计指纹特征向量表示类型

表 5.4　句子粒度的指纹特征向量指标维度描述信息

序号	特征向量	描述
1	Sentenc ID	句子唯一编号
2	Text	句子文本
3	Core Terms	句子核心术语
4	Corpus Words	核心术语词是否出现在语料中<true/false>
5	Corpus Type	语料中标识指纹类型<method/model/tool/...>
6	Section Type	段落修辞结构类型<Introduction/Abstraction/Method/...>
7	Location	出现在段落中的位置<beginning/middle/end>
8	Action Type	句子行为语义特征类型
9	Action	术语在句子中的行为
10	Action Tense	该行为时态<主动、被动>

（2）术语粒度的指纹特征向量表示公式。术语粒度的指纹特征向量表示公式主要以与术语知识单元相关的指纹特征类型相关因素为主要指标维度，包括术语是否是规范语料词（is Corpus）等 9 个维度，详见表 5.5。其表示公式为：TSV=<Term, is Corpus, Corpus Type, Paragraph Type, Location , Sentence FP, Role, Action, Action Tense>。

表 5.5　术语粒度的指纹特征向量指标维度描述信息

序号	特征向量	描述
1	Term	术语名称
2	is Corpus	是否是规范语料词<true/false>
3	Corpus Type	语料中标识指纹类型<method/model/tool/...>
4	Paragraph Type	段落修辞结构类型<Introduction/Abstraction/Method/...>
5	Location	出现在段落中的位置<beginning/middle/end>
6	Sentence FP	句子指纹类型
7	Role	术语角色<S、P、O、X>
8	Action	术语在句子中的行为
9	Action Tense	该行为时态<主动、被动>

第四节　研究设计指纹识别模型权重值分配规则

为了保证指纹识别方法的有效性及其在识别结果的准确率与召回率方面都实现突破，本书从多个视角构建设计指纹识别模型，但是，由于各个视角所起作用的重要度不同、影响因素的程度不同，同时结合句子粒度和术语粒度指纹的特征向量，将指纹识别模型中的权重根据相关性的程度分为三个层次，即语义性、基准性与强调性。同时通过阅读大量的科技论文全文并对其进行分析之后又征询领域专家及部分期刊、杂志社编辑相关建议，设计出上述三个层次的权重值分配规则，如表 5.6 所示。

表 5.6　指纹识别模型权重值分配层次

序号	分配层次名称	分值/分	描述
1	语义性特征权重值	2.0	语义层面上权重最大,因为直接从语义层面上标识了知识单元的指纹特征类型
2	基准性特征权重值	1.0	主要从语义行为词的视角进行设置
3	强调性特征权重值	0.5	如果满足某一条件,则指纹特征类型的强度就增加

由上述指纹识别模型构建的过程可知,每个分配层次上都对应各自的规则模式集合。具体而言,语义性权重层次包括语义指示词与语义共现词规则模式,基准性权重层次包括语义行为词规则模式,强调性权重层次包括篇章修辞、段落所在位置特征、上下文指纹特征及语料库中的词特征。其中,各个视角权重分配的具体细则与描述如表 5.7 所示。

表 5.7　指纹识别模型权重分配详细信息

权重层次	语义指示	语义共现词	语义行为词	篇章修辞	段落所在位置	语料库中的词	上下文指纹特征
权重值/分	2	2	1	0.5	0.5	0.5/2	0.5
权值分类	语义性特征		基准性特征	强调性特征			

续表

权重层次	语义指示	语义共现词	语义行为词	篇章修辞	段落所在位置	语料库中的词	上下文指纹特征
描述	从词形、语义两种特征对指纹特征属性进行强调		每种指纹特征都具有基本的行为属性，在科技文献中通常作为行为对象被引用	如果具备这样的属性，指纹特征类型的强度更强，可能性更大。其中，语料库中的词在句子粒度指纹特征向量的权值为 0.5，而在术语粒度指纹特征向量的权值为 2			

第五节　研究设计指纹识别方法设计与实现

一、总体设计思路

本书结合科技论文的写作指南，以及外部结构特征与内部内容特征，提出了两阶段与多规则模式相结合的研究设计指纹识别方法，即通过使用规则与机器学习相结合的模式，在充分利用现有的知识模板、规则模式集合的同时，注重加强使用机器学习方法来进一步学习与丰富规则模式知识库，以尽可能更全面、更准确地识别与标引科技论文中的研究设计指纹，其中两阶段与多规则模式相结合的方法描述如下。

（1）两阶段：第一阶段是基于标引语义知识库的指纹识别方法，第二阶段是基于多个规则模式的指纹识别方法。因为仅仅使用第一阶段的方法对于领域的KOS 依赖性较强，特别是对于一些缺乏知识工程的领域而言就显得捉襟见肘了，而第二阶段的方法在知识模板及规则集合方面，要求全而且质量要高等。本书设计与使用上述两阶段混合识别方法，打破传统的主要以某一种方式实现知识抽取的方法，结合使用机器学习的方法，在第一阶段可以学习与抽取知识模式，而在第二阶段也可以学习与抽取语义知识，进而实现优势的最大化。

（2）多规则模式：由本书第三章中分析的影响指纹识别的相关因素可知，研究设计指纹的识别与抽取不能仅仅靠传统的某一种规则模式来完成，比如当前主要的指示词规则模式的方法，单凭某一规则很难既准确又全面地识别出一篇科技论文的指纹。因此，本书提出了利用影响指纹识别的相关因素，设计了多规则模式相结合的指纹识别方法，因为各种因素对于指纹特征的类型都具有决定作用。具体而言，多规则模式主要包括语义指示词规则、语义行为词规则、语义共现词规则、篇章修辞规则、位置特征规则及上下文指纹特征类型规则。

二、实施技术路线与算法设计

具体实施技术路线如图 5.7 所示，主要包括研究设计线索知识自动发现、线索知识库的构建（线索规则库）、基于句子粒度的指纹识别算法与基于术语粒度的指纹识别算法，最终形成篇章研究设计指纹知识库，实现基于科技论文的指纹识别。

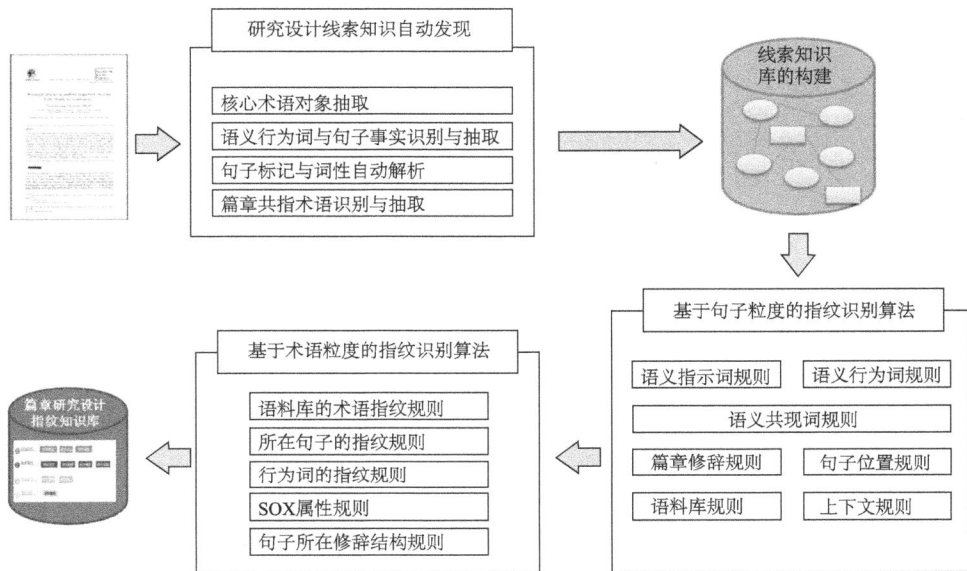

图 5.7　研究设计指纹识别方法的实施技术路线

基于上述的技术路线，本书设计了相关实现算法，共分 6 步，具体算法设计与实现如下描述。

//第 1 步：基于文献段落的指纹线索发现与计算，包括分词、词性标注、命名实体识别、词根提取、共指词汇提取、核心词汇提取、核心语义行为提取及句子事实提取

```
privatevoid fingerprintClueMining（）{
    fingerprinterNLP fp = new fingerprinterNLP（）;
    fp.extractDAO（dao）;
}
```

//第 2 步：删除噪音指纹对象数据（术语粒度的指纹对象）

```
private void deleteNoiseTermObject（）{
    this.deleteSomeObjectData（）;
    }
```

//第 3 步：句子粒度的研究设计指纹特征识别

```
private void SentenceFPIdentify（）{
    fingerprinterIdentify fp = new fingerprinterIdentify（）;
    fp.SentenceIdentifyFinger（dao）;
}
```

//第 4 步：术语粒度的研究设计指纹特征识别

```
private void TermFPIdentify（）{
    fingerprinterIdentify fp = new fingerprinterIdentify（）;
    fp.TermFingerprintIdentify（dao）;
}
```

//第 5 步：研究设计指纹识别结果的修正

```
private void FingerprinterModify（）{
    this.deleteFaultRuleObject（）;
}
```

//第6步：生产并创建研究设计指纹索引知识库

```
private void createFingerprinterKnowlegeIndex（）{
    this.createFingerIndexTable（）；
}
```

三、句子粒度指纹识别算法

（一）算法设计与实现

1. 利用语义指示词规则构建算法实现

语义指示词规则的构建，主要分为以下两个阶段：第一个阶段是基于语义指示特指词的构建方法，利用语法规则、指纹定义模式规则及 be 动词规则来识别与标注指纹特征；第二个阶段是基于指示代词特征的构建方法，利用指示代词规则来识别与标注当前句子的指纹特征类型，同时建议邻近的上下文句子的指纹特征类型，具体参见表5.8。

表 5.8　语义指示词规则构建算法信息表

算法设计方法	规则名称	规则实例（fp 为语义指示词）
基于语义指示特指词的构建方法	语法规则	String posReg1 = "\\bNN "+fp+"\\b"; String posReg2 = "\\bNNS "+fp+"\\b"; String posReg3 = "\\bNNP "+fp+"\\b"; String posReg4 = "\\bNNPS "+fp+"\\b";
	指纹定义模式规则	String def_reg1 = "\\b "+fp+".*?called \\b";
	Be 动词规则	String reg_be1 = "\\b"+fp+" is \\b"; String reg_be2 = "\\b"+fp+" was \\b"; String reg_be3 = "\\b"+fp+",.*?is \\b"; String reg_be4 = "\\b"+fp+",.*?was \\b";
基于指示代词特征的构建方法	指示代词规则	String reg1 = "\\bthe "+fp+"\\b"; String reg2 = "\\bthis "+fp+"\\b"; String reg3 = "\\bthese "+fp+"s\\b";

基于语义指示特指词的构建方法：一是语义指示特指词，如 method 特指研

究方法指纹；二是指纹定义特指词，如声明一个研究方法时，常用 method called ×××，其中×××即为该研究方法；三是 Be 动词方法。详细信息及实例如表 5.8 所描述。

算法设计为两步，具体如下。

第 1 步：定义正式表达式，如String reg_be4="\\b"+fp_words+",.*?was\\b";

第 2 步：通过正则表达式，判断利用标签转换过的句子内容（sentence AnnoTags）是否满足该规则，如果满足，则将被识别的指纹类型存入指纹知识库，否则跳出执行。

```
if (this.findNumByNOCASE (sentenceAnnoTags, reg_be4)>0)
{//符合该规则
    result = true;
    tempwords = fp_words;
// 存入指纹知识库
    sentence.setRule1 ("semantic");
    String originalFinger = sentence.getFingerprint1 ();
    ......
sentence.setFingerprint (originalFinger);
    dao.save (sentence);
}
```

基于指示代词特征的构建方法：将指示代词作为指纹识别的重要线索词，因为指示代词在科技论文全文中的表达方式，以及所指代文献目的的表达方式都是知识声明或者揭示方法最常用的表示模式，如 this method/ the method。根据这一特征，也考虑到科技论文表述上下文语境关系，即出现上述指代表述模式的句子，其上一个句子很可能是定义该指纹特征的句子，而下一个句子是介绍该指纹特征的句子。因此，指示代词的构建方法即实现当前句子指纹特征类型的识别标注，也辅助上下文句子指纹特征类型的判别。

算法设计如下。

第 1 步：输入某一种研究设计指纹特征；

第 2 步：利用正则表达式方法进行匹配；

第 3 步：如果匹配成功，则标注该句子的指纹特征；

第 4 步：如果匹配成功，则计算并标注当前句子的前一个句子的指纹特征类型；

第 5 步：如果匹配成功，则计算并标注当前句子的下一个句子的指纹特征类型；

第 6 步：识别并抽取该句子的核心行为词与核心术语词；

第 7 步：跳出当前循环，输入另一种研究设计指纹特征。

2. 利用语义行为词规则构建算法实现

根据研究设计指纹识别模型构建的方法，即利用语义行为词构建识别算法，即符合该规则的句子，则该句子对应该指纹特征的得分即加 1 分，其中算法实现部分关键代码如下：

```
for (String fp : fingers) {
    for (SentenceObjectAction action : actionlist) {
    //句子中的行为词
    currentActionName = action.getAction_name () .toLowerCase
() ;
    if(action.getAction_stem_name () !=null){
      //该行为词的词干
    currentActionStemName = action.getAction_stem_name () .
     toLowerCase () ;
    }
    //利用原始词与词干两个层面与语义行为词进行匹配
```

```
if(fp.toLowerCase().equals(currentActionName)||fp.toLowerCase
().equals(currentActionStemName)){
    //标注与存储
  sentence.setRule2("action");
      String originalFinger = sentence.getFingerprint2();
  if(originalFinger != null && !"".equals(originalFinger) && !
   "null".equals(originalFinger)) {
              originalFinger += ";" + fingerprintvalue;} else
    {
              originalFinger = fingerprintvalue;
        }
        sentence.setFingerprint2(originalFinger);
        dao.save(sentence);
        result = true;
        break;
      }
    }
  }
```

3. 利用语义共现词规则构建算法实现

根据上文研究设计指纹识别模型的构建方法,利用语义共现词来构建识别算法,其中算法实现部分关键代码如下:

```
for(String coword : flagwords) {
    String cowords[] = coword.split(" ");
    int a1 = 0;//当前词的位置
    int a2 = 0;//后一个词的位置
    int a3 = 0;//后一个词与当前词的位置差
    int length=0;
```

```
//要求语义共现词在句子中出现的先后顺序与语料库中的一致
for （int i = 0; i <cowords.length; i++) {
    if （i != cowords.length - 1) {
        a1 = text.indexOf （cowords[i],0) ;
        a2 = text.indexOf （cowords[i + 1],
                （a1+cowords[i+1].length （) -1) ） ;
        a3 = a2 - a1;
        if （a1 >= 0 && a2 >= 0 && a3 > 0) {
            length++;
        }
    }
}
//标注与存储
if （length== （cowords.length-1) ) {
    tempstr = s;
    result = true;
    sentence.setRule3 （"co-occurrence") ; String
        originalFinger = sentence.getFingerprint3 （) ;
    if （originalFinger != null && !"".equals
            （originalFinger) && !"null".equals （or
            iginalFinger) ） {
        originalFinger += ";
            " + fingerprintvalue;
    }else{
        originalFinger = fingerprintvalue;
    }
        sentence.setFingerprint3 （originalFinger) ;
    dao.save （sentence) ;
```

```
        break;
        }
    }
```

4. 利用句子所在段落位置构建算法实现

根据上文研究设计指纹识别模型的构建方法，利用位置特征来构建识别算法，具体参见表 5.9。

表 5.9　利用位置规则识别句子指纹特征实例表

序号	位置规则
1	Location（hypothesis/background/goal, fingerprint）＜ Max（Location（Introduction，orb））
2	Location（result/conclusion/future，fingerprint）＞Min（Location（Result，orb））
3	Min（Location（Method，orb））=<Location（method，fingerprint）<= Max（Location（Method，orb））
4	Min（Location（Data，orb））=<Location（data，fingerprint）<= Max（Location（Data，orb））
5	Location（conclusion，fingerprint）=（Location（Conclusion，orb））

其中算法实现部分关键代码如下：

```
//计算当前句子所在段落的位置
Long Loc_paragraph = 0l;
try {
Paragraph paragraph = ( Paragraph ) dao.load ( Paragraph.class,
currentSentence.getParagraph ( ) .getId ( ) );
Loc_paragraph = paragraph.getId ( );
}catch ( Exception e) {
        // TODO Auto-generated catch block
        e.printStackTrace ( );
    }
```

```
if ( "background".equals ( fingerprint ) ||"hypothesis".equals
(fingerprint)||"goal".equals(fingerprint)){//Loc_paragraph<Max
(Loc_orb) }
```

//计算修辞方法的最大、最小位置

```
    List<Paragraph> paralist = dao.find (" from Paragraph obj
where obj.orbType='Introduction' order by obj.id desc");
        if (paralist.size () >0) {
            Long Max_Loc_orbIntroduction = paralist.get (0).
                getId ();
            if (Loc_paragraph<Max_Loc_orbIntroduction) {
                result = true;
            }
        }
    }
```

5. 利用句子所在修辞方法构建算法实现

根据一个句子所在文献段落的修辞类型，设计相应的指纹识别算法，来判断该句子可能的指纹特征类型。例如，如果一个"研究方法"句子，出现的修辞类型为 method，则该句子的指纹特征类型为"研究方法"的可能性将增加 0.5 分。具体请参见表 5.10。

表 5.10　段落修辞方法与研究设计指纹特征映射关系表

序号	修辞方法	研究设计指纹特征类型
1	introduction	研究背景、研究假设、研究目标
2	method	研究方法、研究数据、研究工具
3	result	研究结果、研究工具、研究方法
4	discussion	研究方法、研究结论、研究趋势
5	title	研究方法、研究工具

部分实现代码：

```
if (this.orbRule (type, sentence))
    currentFingerprintValue+=0.5;
```

6. 其他辅助规则算法实现

语料库规则与上下文指纹类型规则也是句子指纹识别特征类型判别的重要参考依据，主要算法设计体现在：①如果该句子的核心术语词出现在语料库中或者与语料库词的词形相似度为 0.8 以上，则属于当前指纹特征类型的得分加 1 分；否则为 0 分。其中，词形相似度算法使用本章第一节中的余弦算法。②如果该句子被上下文语境标注的指纹特征类型与当前一致，则当前指纹特征类型的得分加 0.5 分，否则为 0 分。

算法设计如下。

第 1 步：判断该句子是否有语料库词出现，如果有，则加分；

第 2 步：如果通过上下文规则，判断该句子的指纹特征与当前一致，则加分。

（二）综合评判句子指纹特征类型

上文从多个规则模式的视角提出并设计实现指纹特征判别的算法，为了判定一个句子最可能的指纹特征类型，本书综合利用各个规则，设计基于上述规则投票的方式来识别句子可能的指纹特征类型。其中，投票者代表一个类型的规则，都有投票的权利，但是，由于他们的身份不同，投票决定的权重也不同，其权重按照本章第四节研究设计指纹识别模型权重值分配规则执行，则每位投票者的得分是权重值×0（反对）或者权重值×1（赞同），那么一个句子所属一个指纹特征类型的最终得分为每位投票者得分总和，最终按照得分从高到低进行排序，最高者则被识别为最可能的句子指纹特征类型。其中，投票得分的算法公式为：

Sentence_FP_Score=2*IndicatingWordsValue+1*ActionWordsValue+2*Co-occurrenceValue+0.5*LocationValue+0.5*ORB-Value。

针对上述公式，如果该投票者投了赞成票，则认为赞成该规则模式，得 1分，然后再乘以该规则模式的权重，即得到该投票者的最终得分；如果投否定票，则认为否定该规则模式，得 0 分，即该投票者的最终得分为 0 分。直到投票者认为该句子属于九种指纹特征类型的赞成或否定，则结束该句子的指纹特征识别。其中，得分最高的即为最可能的指纹特征类型，也是该句子的首选指纹特征，其他则为候选指纹特征类型，如表 5.11 所示的识别结果。

表 5.11 句子粒度的指纹识别算法结果示例

例句：The k-means algorithm and the k-modes algorithm use alternating minimization methods to solve non convex optimization problems in finding cluster solutions

得分排名	指纹识别结果	指纹识别得分/分	最终指纹类型
1	method	5.5	首选指纹
2	goal	2.5	候选指纹
3	result	1.0	候选指纹

（三）算法执行流程举例

算法执行流程是按照总体设计思路设计与实现的，即通过多种规则模式来综合判定知识句子最可能具有的研究设计指纹特征类型，如图 5.8 是判定句子 The k-means algorithm and the k-modes algorithm use alternating minimization methods to solve non convex optimization problems in finding cluster solutions 具有研究方法指纹特征类型的流程，其最后得分为 6 分，如果其他指纹特征类型的最后得分低于 6 分，则该知识句子就被识别为"研究方法"指纹。

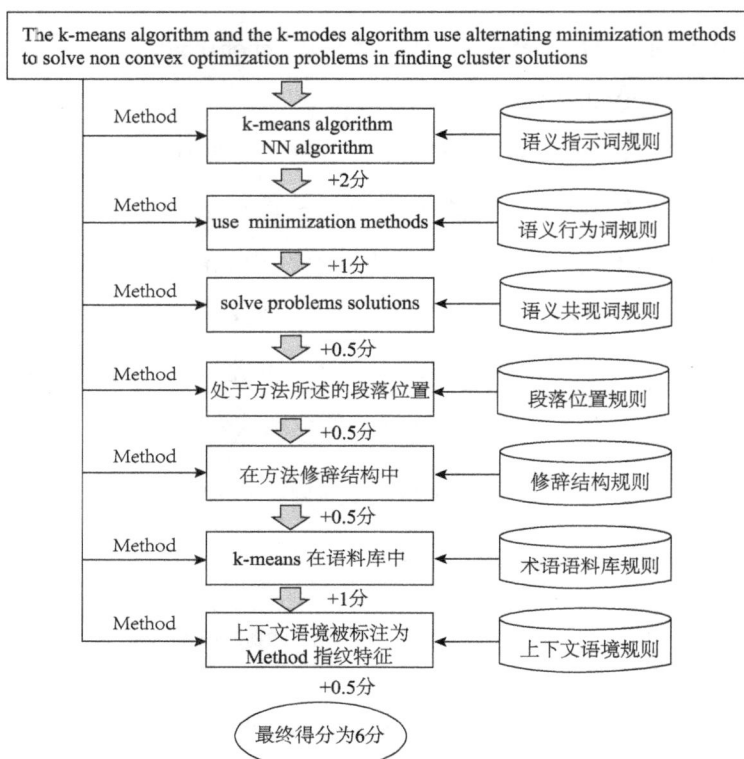

图 5.8　句子粒度的研究设计指纹识别算法执行流程举例

四、术语粒度指纹识别算法

（一）算法设计与实现

由术语粒度指纹的特征向量分析，其指纹识别的算法设计主要从语料库特征、所在句子指纹特征、所在句子行为词指纹特征、SOX属性特征，以及句子所在修辞结构特征五个方面来综合判定一个术语知识的最可能的研究设计指纹特征类型。

其中，部分核心算法设计如下。

第 1 步：使用语料库判断该术语词是否在语料库中，如果是，则该术语指纹类型加 2 分；

第 2 步：当前术语词识别判断的指纹特征类型是否与所属的句子指纹特征类型一致，如果一致，则该术语指纹类型加 1 分；

第 3 步：当前术语词所在句子的行为词，其具有的指纹特征类型是否与识别判断的指纹特征类型一致，如果一致，则该术语指纹类型加 1 分；

第 4 步：当前术语词是否为核心词汇，如果是，则该术语指纹类型加 0.5 分；

第 5 步：当前术语词识别判断的指纹特征类型是否与所在句子的修辞结构类型一致，如果是，则该术语指纹类型加 0.5 分。

（二）综合评判术语指纹特征类型

术语粒度的指纹识别算法设计与句子粒度的指纹识别算法设计基本类似，二者本质的区别在于句子的指纹特征类型作为术语粒度指纹识别的一个参数，即一个句子的指纹特征类型一定程度上影响着该句子中核心术语词的指纹特征类型的识别。因此，仍然采取综合利用各个识别规则模式，使用投票的方式来识别术语知识可能的指纹特征类型。其中，投票者代表一个类型的规则，都有投票的权利，但是，由于他们的身份不同，投票决定的权重也不同。其中投票得分的算法公式为：Term_FP_Score=2*Corpus Words Value+1*Sentence FP Value+1*Action Words Value+0.5*SOX Value+0.5*ORB-Value。

针对上述公式，如果该投票者投了赞成票，则认为赞成该规则模式，得 1 分，然后再乘以该投票者身份的权重，即得到该投票者的最终得分；如果投否定票，则认为否定该规则模式，得 0 分，即该投票者的最终得分为 0 分。直到投票者认为该术语属于九种指纹特征类型的赞成或否定，则结束该术语的指纹特征识别。其中，得分最高的即为最可能的指纹特征类型，也是该术语的首选指纹特征，其他则为候选指纹类型，如表 5.12 所示的识别结果。

表 5.12　术语粒度的指纹识别算法结果示例

术语名称	指纹识别结果	指纹识别得分/分	所在句子
Window-based HUP mining	method; model; tool;data	4.5; 0.5; 0.5; 0.5	Recently, two algorithm, MHUI-BIT and MHUI-TID, have been proposed for sliding window-based HUP mining
SOM	method; model; tool;data	4.5; 0.5; 0.5; 0.5	The present study utilized RMSE, which was applied through a SOM, to combine a two-phase clustering based on the BPN classification technique in clustering analysis
Association rules	method; model; tool;data	4.5; 0.5; 0.5; 0.5	For example, Tsai and Chen use association rules for feature selection
Artificial neural network	method; model; tool;data	4.5; 0.5; 0.5; 0.5	Whereas research studies on using artificial neural network (hence ANN) for bankruptcy prediction started in 1990, and are still active now

（三）算法执行流程举例

算法执行流程是按照总体设计思路设计与实现的，即通过多种规则模式来综合判定术语知识最可能具有的研究设计指纹特征类型，如图 5.9 是判定术语 k-means 和 k-modes 具有研究方法指纹特征类型的流程，其最后得分均为 5 分，如果其他指纹特征类型的最后得分低于 5 分，则该术语知识就被识别为研究方法指纹，其他的指纹特征类型即为可能的指纹类型。其中，通过规则模式判定的具体步骤如下。

第 1 步：语料库判定规则，即根据该术语词是否在语料库中收藏，若收藏，则模型会根据该术语词本质标注的指纹特征属性进行指纹特征值加权计算；

第 2 步：所在句子指纹判定规则，即根据该术语词所属句子的指纹特征类型进行指纹特征值加权计算；

第 3 步：所在句子行为词判定规则，即根据该术语词所属于句子中的行为词所具有的指纹特征类型进行指纹特征值加权计算；

第 4 步：SOX 属性判定规则，即根据该术语词在所属句子中的语法角色进行指纹特征值加权计算；

第 5 步：所在修辞结构判定规则，即根据该术语词在所属段落的修辞结构特征指纹特征值加权计算。

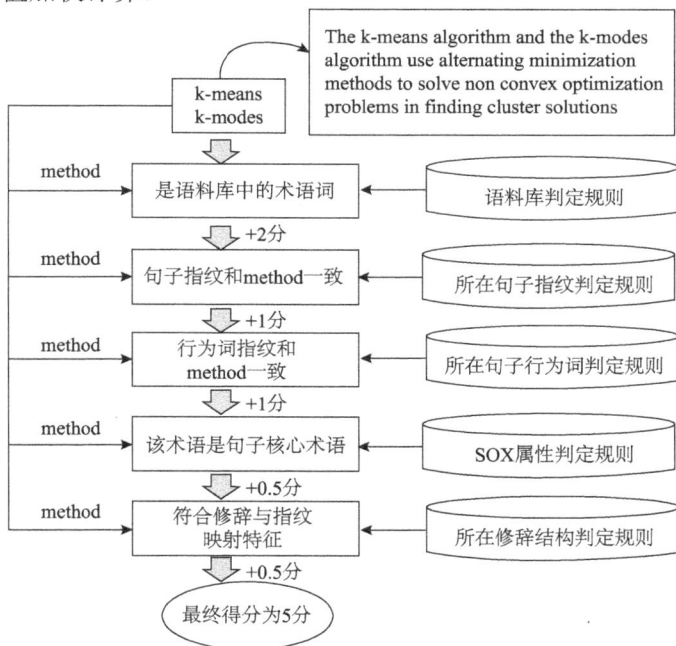

图 5.9　句子粒度的研究设计指纹识别算法执行流程举例

五、基于深度学习算法模型实现指纹识别方法探索

上述章节主要围绕现有的科研指纹识别规则开展相关研究与设计，具体试验过程与试验结果评价将在第六章节重点介绍，也是笔者前期的主要研究成果。2017 年底至 2018 年初，笔者进一步探索了利用深度学习模型开展研究设计指纹的自动识别方法研究，研究方法与结果在本小节重点介绍。

基于规则的指纹识别方法模型要依赖于领域专家知识，且有限的规则难以应对自然语言表达的灵活性。监督学习方法虽然在命名实体识别任务中表现突出，但是模型训练依赖于大规模的标注语料。分别为不同研究领域构建大规模标注语料库，成本高昂且扩展性低。针对科技论文大数据的科研指纹识别问题，迫切需要从理论和方法上开展创新性研究。

笔者将深度学习算法模型引入情报数据建模中，探索文本语义理解与机器学习先进成果的有机结合方式，研究语料匮乏条件下的科研指纹自动识别方法，实现原始方法创新和关键技术突破，构建研究设计指纹知识网络，多视角、细粒度、层次化地揭示科技论文中蕴含的丰富语义信息，以进一步提升对数据的深度知识挖掘和利用能力，智能计算的数据组织能力，情报分析的数据感知、发展趋势预测、领域研究热点追踪能力，并为文献情报下一代智能化、个性化的精准知识服务提供强有力的数据智能化计算支撑，目标场景如图 5.10 所示。

该探索方法的总体技术路线如图 5.11 所示，包括三项核心内容：①大规模标注语料库自动构建的 bootstrapping 方法；②研究设计指纹识别的深度学习模型；③研究设计指纹知识网络的增量更新。

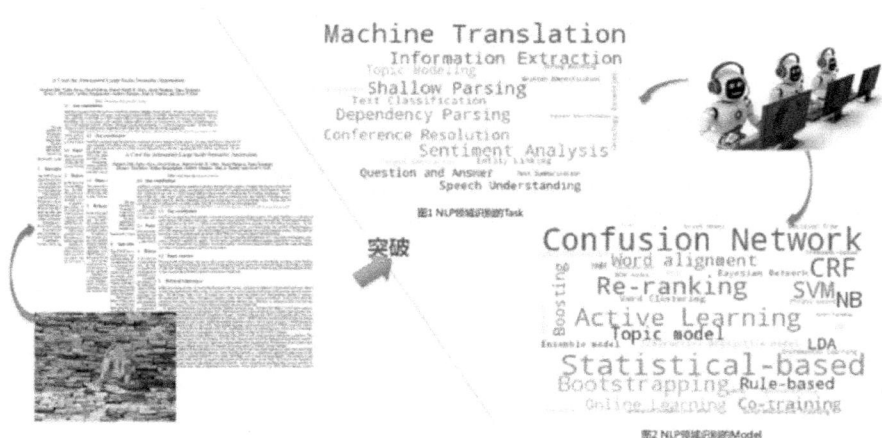

图 5.10　基于深度学习算法模型实现指纹识别的目标场景图

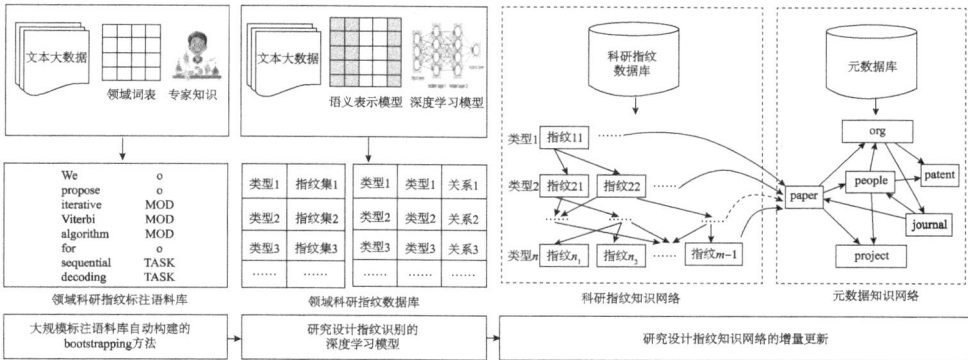

图 5.11　基于深度学习算法模型实现指纹识别的总体技术路线图

（一）大规模标注语料库自动构建的 bootstrapping 方法

不同学科领域蕴含的研究设计指纹类型差异巨大。针对每一个学科领域制定一套语义标注规范，再由人工构建标注语料库，其成本高、耗时长，更新慢，不可迁移。如何针对给定的应用领域快速构建一个大规模的标注语料库，是该探索方法面临的首要关键问题。

本书充分利用各研究领域已有的词表资源，在领域专家的专业指导下，研究适用于给定领域的模式挖掘算法；并引入机器学习领域的 bootstrapping 思想，研究领域无关的研究设计指纹自扩充方法，实现研究设计指纹标注语料库的自动构建，以增强标注语料库的扩展性，过程如图 5.12 所示。

（二）研究设计指纹识别的深度学习模型

自然语言理解是人工智能研究领域中极具挑战的一个分支。深度学习模型因在特征提取与模型拟合方面具备的强大优势，已在自然语言理解的各项任务中取得了显著成果。研究设计指纹识别虽属于自然语言理解范畴，但其研究方法仍落后于传统的自然语言理解任务，识别过程严重依赖于领域知识，

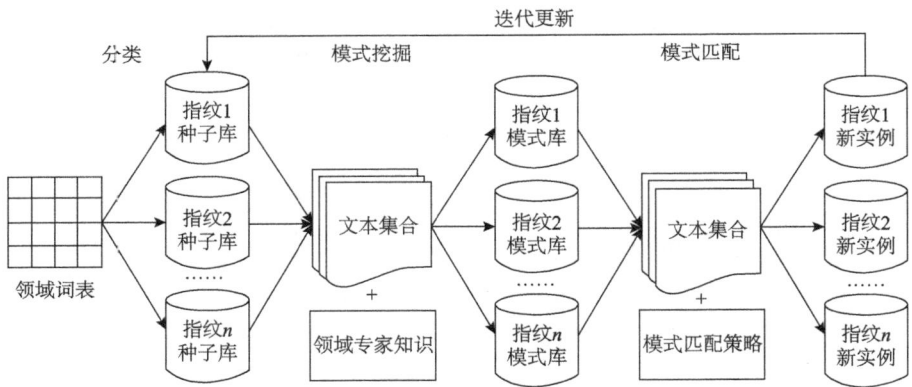

图 5.12　大规模标注语料库的自动构建流程

方法不可复用且识别能力有限，导致重复开发和资源浪费。因此，如何利用深度学习模型提高研究设计指纹识别的灵活性，是该探索方法面临的又一个关键问题。

本书引入机器学习领域的分布式表达思想，结合研究设计指纹的多维度属性，研究多特征融合的语义表示模型，并基于文本大数据，研究指纹识别的深度学习方法，以改善研究设计指纹识别方法的通用性，过程参见图5.13。

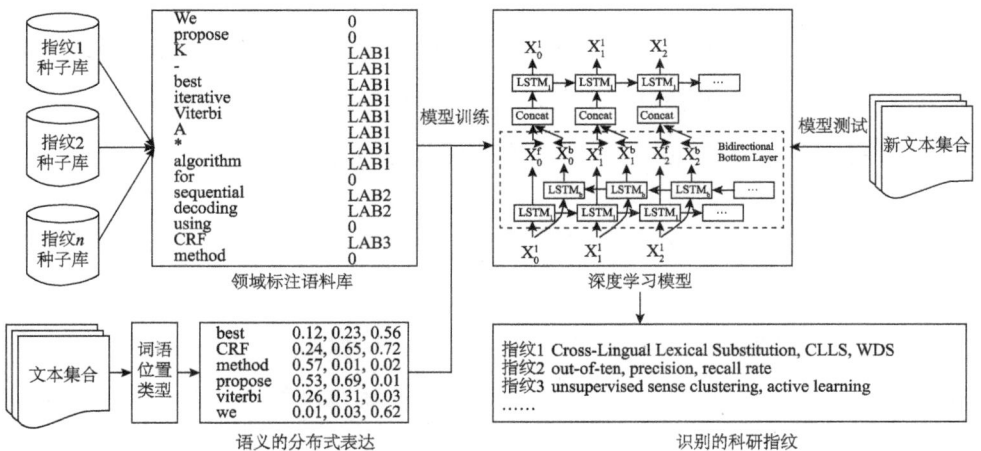

图 5.13　基于深度学习的研究设计指纹识别流程

（三）研究设计指纹知识网络的增量更新

知识网络的数据语义丰富程度决定了知识计算和知识服务的能力。现有的知识网络中仅包含结构化的元数据（论文、专利、项目、期刊、作者、机构等），还缺乏深入文本内容，如研究设计指纹的细粒度语义单元，以及语义单元之间的知识关系，同时要确保知识网络的更新。

本书利用语义网的数据建模方法，充分挖掘元数据与研究设计指纹数据的特征，研究多类型、层次化的知识网络表示模型，并基于不断识别出的研究设计指纹，研究知识网络数据更新的新模式，以形成语义关联组织与数据增量更新的普惠服务能力，过程参见图5.14。

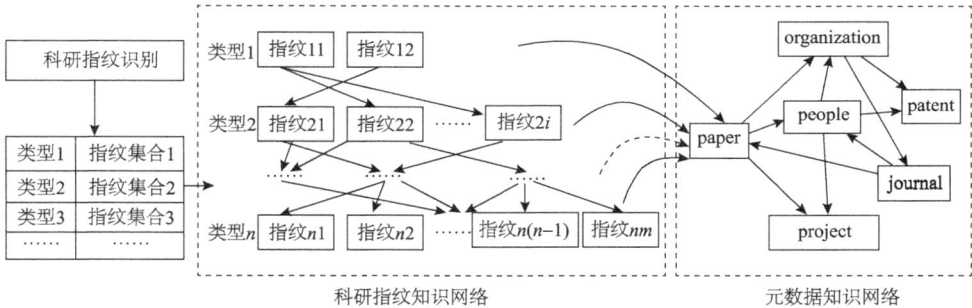

图5.14 领域知识图谱的增量更新过程

（四）试验结果

本书基于 Association for Computational Linguistics （ACL）的"人工智能领域"的 1.5 万余篇论文的摘要，对问题、方法、数据及考核指标四种研究设计指纹进行试验测试，分别取得了一定成效。其中，问题共识别 2758 个，精度为 0.62；方法共识别 5648 个，精度为 0.62；数据共识别 2071 个，精度为 0.58；考核指标共识别 320 个，精度为 0.74。基于该方法的详细研究过程，笔者将在后期以期刊论文的形式公开发布。

第六章　研究设计指纹识别方法实证分析——以 Data Mining 研究主题为例

本章利用前面章节提出与构建的研究设计指纹概念模型及指纹识别模型，以 Data Mining 研究主题为实验案例，对基于科技论文的研究设计指纹识别方法模型的有效性进行实证分析。

第一节　Data Mining 介绍

Data Mining，中文名称为数据挖掘。它是数据库知识发现（knowledge-discovery in databases，KDD）中的一个步骤，是指从大量的数据中通过算法搜索隐藏于其中信息的过程。其中，Data Mining 通常与计算机科学有关，并通过统计、在线分析处理、情报检索、机器学习、专家系统（依靠过去的经验法则）和模式识别等诸多方法来实现上述目标。

目前，Data Mining 也被界定为计算机科学的一个领域方向，由于其面向海量数据处理的特性，因此，该领域具有丰富的计算方法，特别是在人工智能（AI）方向科学发现的研究应用中，更多的是依赖 Data Mining 的算法实现智能计算与推理，即从这一本质特征，本书选择了该领域方向，以便更好地验证研究设计指纹识别模型及其识别算法的有效性。

第二节　实验数据材料准备

针对本次实证分析的目标，即基于科技论文全文，进行研究设计指纹识别方法设计与实现，因此，主要从语料库材料与科技论文全文数据材料准备实验数据。

（1）语料库数据材料：主要包括 Data Mining 领域方向的专业术语、领域 KOS、研究设计指纹指示性语料库数据材料及其规则模式集合，这些既作为指纹特征类型识别的直接线索，也是机器学习的语料依据，用于指纹线索的发现与计算。

（2）科技论文全文数据材料：主要用于本书实证分析的全文数据源，本书通过人工逐篇在 Elsevier[①]数据库，以主题 Data Mining 进行检索，并下载超级文本标记语言（HTML）格式的全文数据 100 篇，其中随机抽取 50 篇用于训练集。

下面，笔者主要对语料库数据材料的创建与实证分析数据获取与预处理进行详细介绍。

一、语料库数据材料的创建

语料库数据材料在知识标引、知识抽取及指纹特征类型的判别方面，具有重要的作用，同时为指纹线索的发现与计算提供了最基本的知识素材。针对 Data Mining 领域方向的专业术语、领域 KOS、研究设计指纹指示性语料

---

① http://www.elsevier.com/，在此特别感谢 Elsevier 数据库商。

库数据材料及其规则模式集合三种语料的数据材料创建如下。

（一）Data Mining 领域方向的专业术语

该部分的语料主要使用"十二五"国家科技支撑计划项目成果，即STKOS，将工学人工智能方向的科技术语导入研发平台数据库，并进行结构化存储，主要用于对全文内容术语词的抽取与规范。

（二）领域 KOS

针对 Data Mining 研究方向，没有发现相应的 KOS，但是 IEEE 作为国际电气与电子工程师学会，其中，计算机是该协会所组织内容的重要组成部分，同时 IEEE 已经被公认为工学领域权威的数据资源。因此，从 IEEE 官网上下载 IEEE 叙词表，其丰富的术语词不仅标注了具体的主题分类，而且具有丰富的语义关系，如上位概念、下位概念及用代关系，而只针对 Data Mining 相关的部分加工与创建本书要用到的领域 KOS 语料，用于辅助研究设计指纹特征类型的识别与抽取，而且 IEEE 叙词表中已经列出了 Data Mining 研究主题的一些重要研究方法指纹，总计约 800 个术语词汇，部分信息如表 6.1 所示。领域 KOS 主要用于重要术语的抽取、规范及研究设计指纹特征类型的识别。

表 6.1　IEEE 叙词表加工语料示例信息表

序号	术语词	指纹特征类型
1	Learning methods	method
2	Social computing	method
3	Prediction theory	method
4	TCP/IP protocol suite	method
5	Social networking	method
6	Semantic Web	method
7	Social networks	method
8	Software agents	method
9	Transmission control protocol/internet protocol	method
10	Support vector machines	method

续表

序号	术语词	指纹特征类型
11	Search methods	method
12	Context awareness	method
13	Knowledge representation	method
14	Cooperative systems	tool
15	Base stations	tool

（三）研究设计指纹指示性语料库数据材料及其规则模式集合

指示性语料主要包括指示性的名词（如指示研究方法的 method）、指示性的行为词（如指示研究方法的 propose）及指示性的共现词（如指示研究方法的 solve...problem）。另外，借用语法分析的原理，收集与总结指示性的规则模式集合，如 NN+method 或者 ADJ NN NN+method 都指示当前词、短语或者句子的指纹特征类型为研究方法。

其中，该部分语料数据创建的主要来源有以下几个：WordNet（主要利用同义词及词典）、VerbNet（主要利用行为词角色）、计算机科学研究论文的语料分析及期刊发表要求纲要、科技论文及科技报告撰写的纲要等材料。本书对上述基础语料知识进行结构化解析与存储，作为机器学习的已知经验。另外，本书也通过逐篇阅读判别的方式，针对九种指纹特征类型，逐个进行遴选、摘抄并结构化存入关系数据库中。例如，研究方法指纹的指示性语料部分信息如表 6.2 所示，其中九种指纹的指示性语料信息请详见附件 1。

表 6.2　研究方法指纹的部分指示性语料信息表

序号	指示性语料词	指纹特征类型	语料类型
1	method	method	semantic
2	way	method	semantic
3	approach	method	semantic
4	manner	method	semantic
5	means	method	semantic
6	measure	method	semantic

续表

序号	指示性语料词	指纹特征类型	语料类型
7	use	method	action
8	propose	method	action
9	employ	method	action
10	provide	method	action
11	design	method	action
12	apply	method	action
13	manner with	method	co-occurrence
14	measure of	method	co-occurrence
15	manner of	method	co-occurrence
16	this approach	method	co-occurrence
17	this method	method	co-occurrence
18	to solve	method	co-occurrence
19	solve problem	method	co-occurrence
20	overcome problem	method	co-occurrence
21	to overcome	method	co-occurrence
22	basic approach	method	co-occurrence
23	is used for	method	co-occurrence
24	with method	method	co-occurrence
25	make use of	method	co-occurrence

本次实验创建研究设计指纹的线索指示性语料共 235 个，其中 9 种研究设计指纹特征类型的线索指示性语料个数分别是：研究背景 26 个、研究假设 8 个、研究目标 62 个、研究方法 40 个、研究数据 7 个、研究工具 9 个、研究结论 48 个、研究趋势 9 个及研究结果 26 个。

二、实证分析数据获取与预处理

（一）数据获取

作为信息技术时代的重要解决方案提供商 Elsevier，其将科技论文的全文以

"富媒体" HTML 格式进行了结构化展示，有效地支持了科研用户以 play 模式来科学、合理地深度利用科技论文全文。在上述良好的信息环境下，本书以主题词 Data Mining 为检索词，利用手工下载保存的模式，从 Elsevier 官方数据库下载 HTML 格式的科技论文全文文件，共计 100 篇，作为实证分析的原始数据。

（二）数据预处理

本书中数据预处理主要分为两个阶段，分别如下。

第一阶段，即科技论文全文内容的提取：基于 HTML 标签，抽取科技论文元数据与全文内容，主要使用正则表达式的方法，对科技论文全文的标题、作者、机构、摘要、关键词、段落内容、句子、段落标题及参考文献等内容进行抽取与结构化存储，数据存储的表结构如图 6.1 所示。

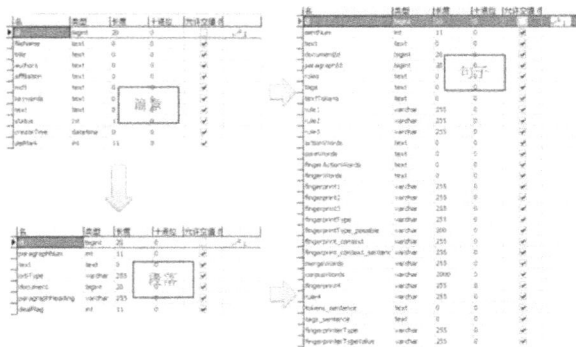

图 6.1　科技论文全文内容存储结构关系

第二阶段，即段落修辞关系的自动映射：实验数据全文的每个段落都有各自的小标题，这些小标题在格式框架及内容方面，一定程度上与科技论文的撰写指南规范，即段落的修辞特征是密切相关的，能够侧面反映研究设计指纹特征的分布。本书先将各个段落的小标题进行聚类，之后利用主题词的相似度计算理论方法，对各个段落标题与 IMRaD 论文经典模型的修辞结构特征进行关系映射，为能够辅助指纹特征类型的识别，发现与创建有用的知识线索，具体流程如图 6.2 所示。

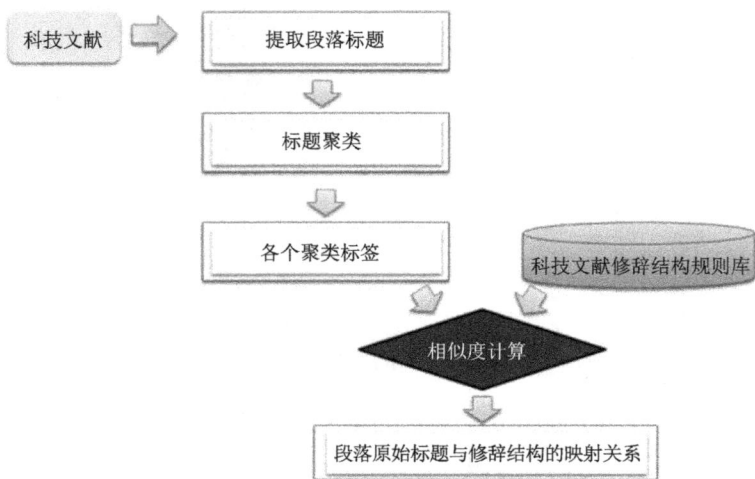

图 6.2　科技论文段落标题与修辞结构类型映射关系

第三节　实证分析过程与方法

实证分析的信息计算环境：①硬件配置方面，使用联想 ThinkCentre M8400t PC 计算机，Intel 4 核 3.2GHz CPU、内存 4G、64 位 Windows 7 操作系统；②开发环境与主要开发工具，JDK1.6（64 位版本）、Myeclipse9 开发平台与 Mysql5.5 数据库及 Java 语言；利用斯坦福自然语言处理（Stanford NLP）工具包 stanford-corenlp-1.3.4.jar、Tomcat6.0、apache-solr-core-3.1.0.jar 及 STKOS 中计算机信息范畴下的概念知识体系。

一、生产与创建研究设计指纹索引库

此过程共分为五个阶段（图 6.3）。

（1）文献段落解析：基于预处理的数据，用于指纹识别与抽取的段落共8211 个，其中不包括参考文献内容，另外，除去公式描述的段落及特别短的段落。

（2）文献句子解析：基于文献段落，利用自然语言句子解析方法，共解析并存储 31 387 个句子。

（3）句子语义行为词识别与抽取：从句子中识别与抽取出语义行为词，并且记录下其时态、句子中的位置及词干等信息，共抽取 70 464 个语义行为词（注：这些词没有去重，是以句子单位进行抽取的）。

（4）句子术语对象抽取：从句子中识别与抽取出核心术语词，能代表整个句子所要表述核心语义或语境的术语词，并记录下其句子中的位置、角色等信息，共抽取核心术语词 167 463 个（注：这些术语词没有去重，是以句子单位进行识别与抽取的）。

（5）研究设计指纹索引库创建：基于文献句子和句子术语对象两个层面，即句子和术语两个粒度，生产并存储研究主题或领域的研究设计指纹索引库，用以支撑语义存储与语义索引。

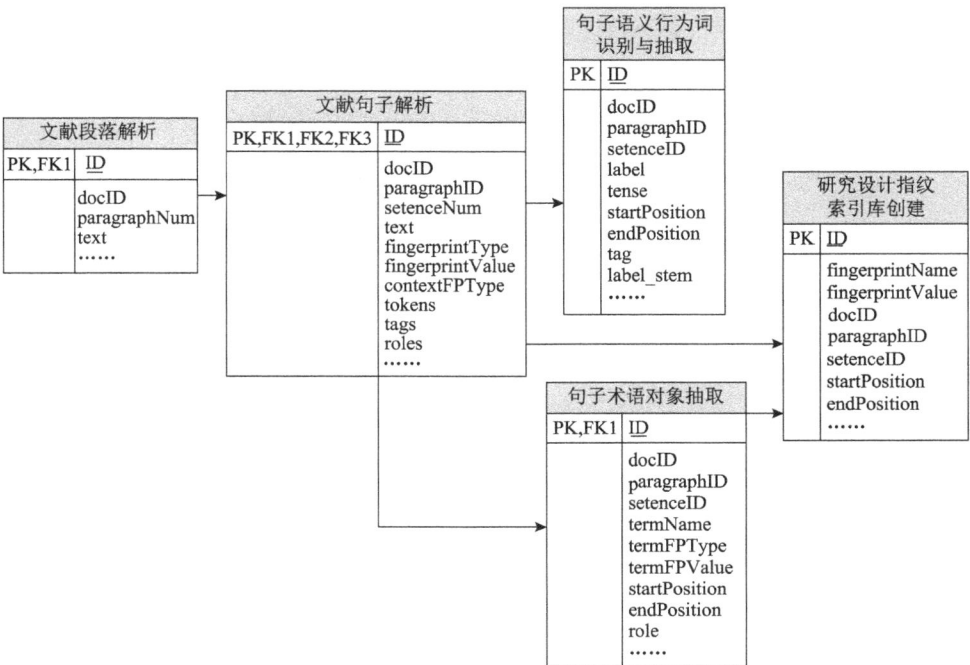

图 6.3　研究设计指纹索引库创建过程的实体关系图

二、基于指纹索引库构建研究设计指纹发现服务系统

利用研究设计指纹索引知识库，以面向科研过程为系统建设指导思路，以知识证据链条为系统建设理念，构建面向研究主题或领域的研究设计指纹发现服务系统，提供一种直观、清晰的研究进展展示方式，用于帮助科研人员快速掌握与了解所关注研究主题在各个阶段都具有哪些研究设计指纹、发展现状如何、取得的效果如何及揭示出支撑他们的科技论文成果。其中，设计该指纹发现系统，提出了使用更细粒度的知识单元，即研究设计指纹来组织与揭示主题或领域知识，突破了传统以篇级的知识单元服务模式，同时提供了相应的支持各个知识观点的客观知识证据，从而帮助科研人员自动阅读海量的科技论文，辅助他们快速了解一个研究主题的研究进展。同时，该发现服务系统的构建，也方便研究设计指纹识别方法模型的实验效果，以清晰、直观的文字与图例的可视化模式形象化表示，便于评估专家的实时查看与校验。

研究设计指纹发现服务系统具体建设思路与流程如图 6.4 所示，从原始自由文本到研究设计指纹的自动识别，形成主题的研究设计指纹的知识库，以语义存储与多维索引的方法进行结构化、语义化存储，在此基础上，构建关注研究主题的研究设计指纹发现服务系统。

该系统具有基于科技论文的研究设计指纹自动识别引擎、指纹知识的自动汇聚索引与指纹知识发现服务功能。本节主要介绍在指纹识别引擎执行结果的基础上，利用知识汇聚索引的方法，构建研究设计指纹知识的发现服务系统，来清晰、直观地将识别的结果展示出来，在方便科研用户利用成果的同时，也用来更直观地揭示该引擎的实现效果。其中，指纹发现服务系统主要从科技论文的可视化摘要（visual abstract）、科技论文研究设计路径的自动识别发现与科技论文语义化辅助阅读三个应用场景分别进行探索应用。

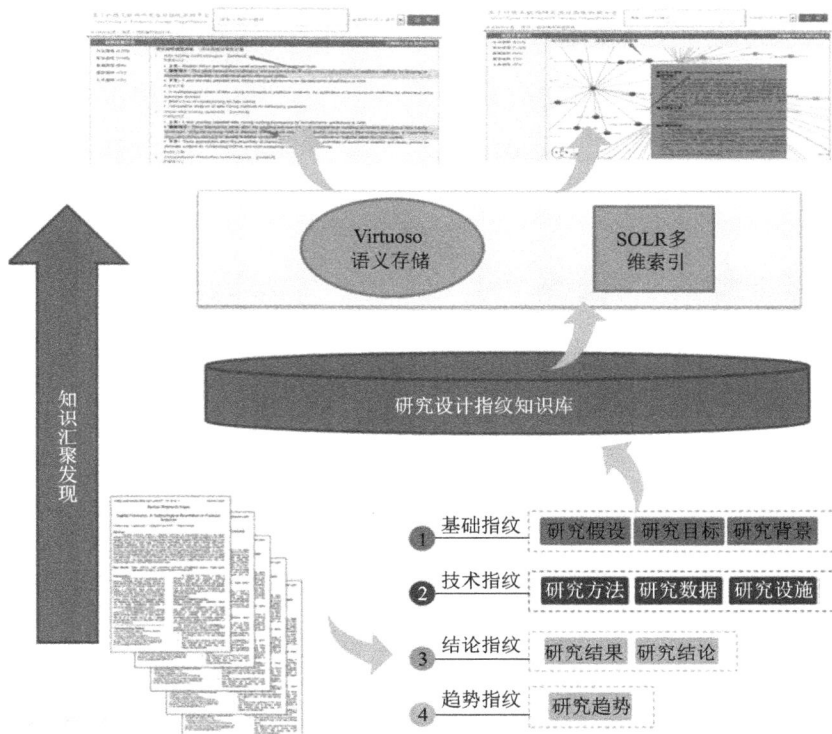

图 6.4　研究设计指纹发现服务系统建设思路与执行流程

（一）科技论文的可视化摘要

　　一篇科技论文的摘要是全文内容的高度凝练与聚合，是尽可能地使用最少的文字来描述研究成果的实验过程。目前主流的仍然是叙述性文摘，但是，随着信息技术环境与用户需求的变化，结构化文摘的规范标准也正逐渐被多个期刊所采纳。信息可视化以一种视觉的形式来表示数据、信息和知识的过程，借助计算机图形学规则及相关计算算法，绘制成视觉图形，使复杂的数据、信息和知识易读、易懂，从而使人们对数据、信息及知识的内容、结构和内在规律得以更加全面的了解与掌握。本书从研究设计指纹的视角出发，通过信息可视化的知识组织与发现模式，绘制出一篇科技论文的可视化摘要，从文献中心节点、指纹特征类型、具体指纹值及与该指纹相关的非本篇文献四个层次，帮助用户快速地了解与掌握科研成果的研究过程，即研究背景、研究假设、研究目标、研究方法、研究数据、研究工具等，同时进一步地揭示出与一个研究方法相关的其他科技论文，供用户进一步地深度阅读，实现效果如图 6.5 所示。

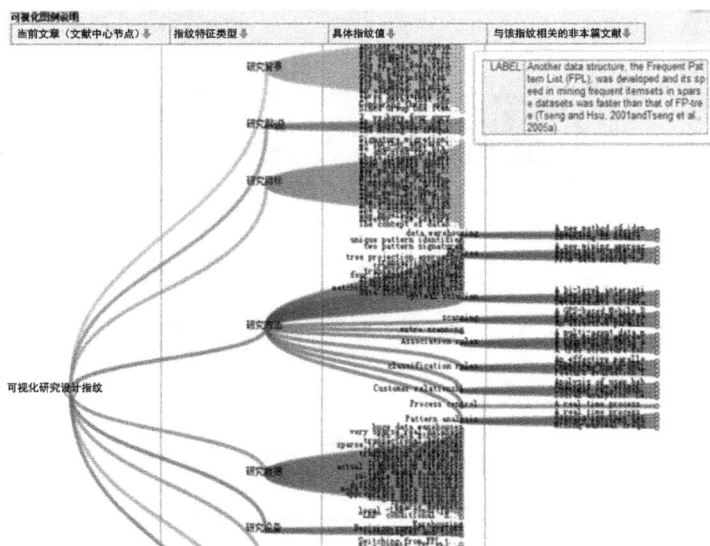

图 6.5　科技论文的可视化摘要示意图

（二）科技论文的研究设计路径自动识别发现

科技论文作为一个研究成果的载体形式，其研究的过程、内容的形成都是遵循科学研究方法的，都应具备自身的研究设计路线图。基于这一理论体系，本书试图利用研究设计指纹知识单元，从研究背景、研究目标、研究方法及研究结果等指纹类型，构建一个研究设计路径自动识别与揭示的知识发现工具，揭示出相关的重要知识事实，帮助科研用户利用该工具，能够快速地掌握与了解研究成果的知识信息及上下文背景信息，更便捷地推断研究设计的逻辑性、科学性及相应的因果关系，从而有效地实现问题解决方案的自动识别与抽取，即通过指纹识别算法自动将该科技论文的研究人员、研究机构、研究主题、研究背景、研究假设、研究目标、研究方法、研究工具、研究结果及研究趋势等研究设计路径中的重要指纹对象，清晰直观地展现给用户，如图 6.6 所示。

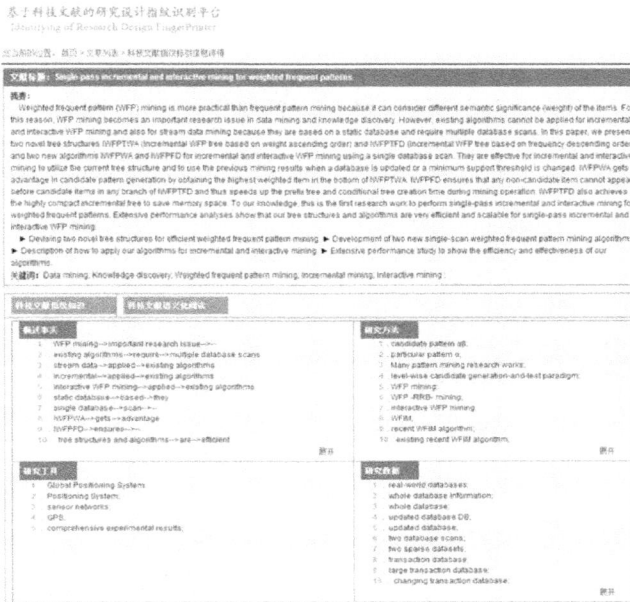

图 6.6　研究设计路径自动识别示意图

（三）科技论文语义化辅助阅读

借助指纹识别模型自动识别出的研究设计特征指纹，分别给不同特征类型标识不同的颜色，实现将重要的知识要点，更形象化地以知识语义的模式辅助科研人员阅读文献内容，让科研人员快速了解与掌握各个知识点，以及相互之间可能存在的语义关联关系，进而掌握整篇文献的知识概貌，图 6.7清晰、直观地反映出重点知识句子讲述的语义背景是什么，同时将核心术语级别的指纹知识通过加粗的方式可视化地揭示出来。

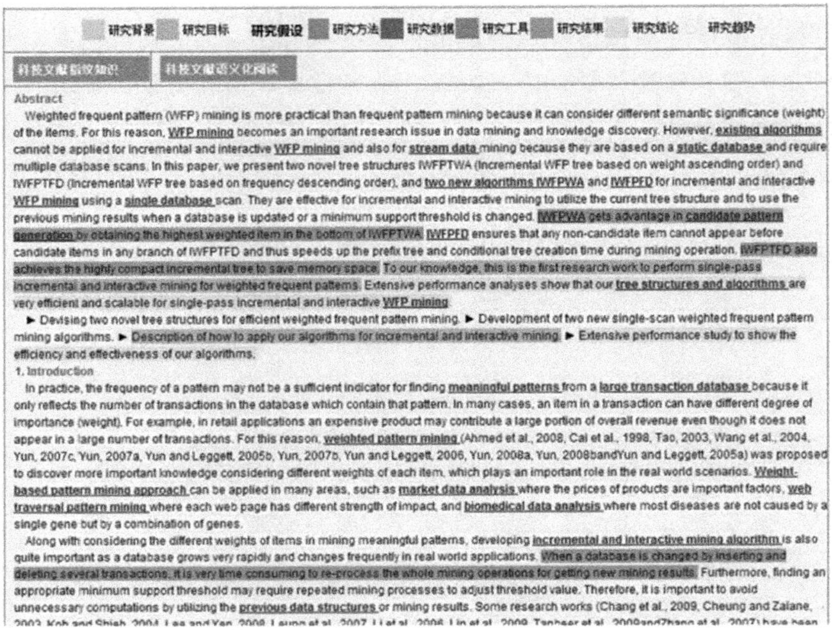

研究背景 研究目标 研究假设 研究方法 研究数据 研究工具 研究结果 研究结论 研究趋势

Abstract

Weighted frequent pattern (WFP) mining is more practical than frequent pattern mining because it can consider different semantic significance (weight) of the items. For this reason, WFP mining becomes an important research issue in data mining and knowledge discovery. However, existing algorithms cannot be applied for incremental and interactive WFP mining and also for stream data mining because they are based on a static database and require multiple database scans. In this paper, we present two novel tree structures IWFPTWA (Incremental WFP tree based on weight ascending order) and IWFPTFD (Incremental WFP tree based on frequency descending order), and two new algorithms IWFPWA and IWFPFD for incremental and interactive WFP mining using a single database scan. They are effective for incremental and interactive mining to utilize the current tree structure and to use the previous mining results when a database is updated or a minimum support threshold is changed. IWFPWA gets advantage in candidate pattern generation by obtaining the highest weighted item in the bottom of IWFPTWA. IWFPFD ensures that any non-candidate item cannot appear before candidate items in any branch of IWFPTFD and thus speeds up the prefix tree and conditional tree creation time during mining operation. IWFPTFD also achieves the highly compact incremental tree to save memory space. To our knowledge, this is the first research work to perform single-pass incremental and interactive mining for weighted frequent patterns. Extensive performance analyses show that our tree structures and algorithms are very efficient and scalable for single-pass incremental and interactive WFP mining.

► Devising two novel tree structures for efficient weighted frequent pattern mining. ► Development of two new single-scan weighted frequent pattern mining algorithms. ► Description of how to apply our algorithms for incremental and interactive mining. ► Extensive performance study to show the efficiency and effectiveness of our algorithms.

1. Introduction

In practice, the frequency of a pattern may not be a sufficient indicator for finding meaningful patterns from a large transaction database because it only reflects the number of transactions in the database which contain that pattern. In many cases, an item in a transaction can have different degree of importance (weight). For example, in retail applications an expensive product may contribute a large portion of overall revenue even though it does not appear in a large number of transactions. For this reason, weighted pattern mining (Ahmed et al., 2008, Cai et al., 1998, Tao, 2003, Wang et al., 2004, Yun, 2007c, Yun, 2007a, Yun and Leggett, 2005b, Yun, 2007b, Yun and Leggett, 2006, Yun, 2008a, Yun, 2008bandYun and Leggett, 2005a) was proposed to discover more important knowledge considering different weights of each item, which plays an important role in the real world scenarios. Weight-based pattern mining approach can be applied in many areas, such as market data analysis where the prices of products are important factors, web traversal pattern mining where each web page has different strength of impact, and biomedical data analysis where most diseases are not caused by a single gene but by a combination of genes.

Along with considering the different weights of items in mining meaningful patterns, developing incremental and interactive mining algorithm is also quite important as a database grows very rapidly and changes frequently in real world applications. When a database is changed by inserting and deleting several transactions, it is very time consuming to re-process the whole mining operations for getting new mining results. Furthermore, finding an appropriate minimum support threshold may require repeated mining processes to adjust threshold value. Therefore, it is important to avoid unnecessary computations by utilizing the previous data structures or mining results. Some research works (Chang et al., 2009, Cheung and Zaiane,

图 6.7　科技论文语义化辅助阅读示意图

三、设计领域专家评价指纹识别效果方法

本书为了校验论文提出并实现研究设计指纹识别方法的有效性，聘请了10 位 Data Mining 领域的研究人员，分别选取不同的 5 篇文献，让他们对 50 篇科技论文的指纹识别结果进行专家判读，最后利用统一的计算与评估算法，计算出研究设计指纹识别结果的准确率与覆盖率及整体有效性指数。为了将专家判读的结果结构化、逻辑性地记录与存储下来，本书设计了规范表格，从指纹识别结果的准确率和覆盖率两个层面对九种研究设计指纹的识别结果进行判读，详细描述如表 6.3 所示，其相对完整的判读结果参见附录。其中，除了给专家提供判读表格外，需要判读的 50 篇科技论文的指纹识别结果也以 HTML 格式文件的方式提供给专家，以方便专家的查看与对比分析，如图 6.8 所示。

表 6.3　专家判读科技论文的自动指纹识别结果的规范示例表格

文献编号	001							
文献标题	A cluster centers initialization method for clustering categorical data							
摘要	The leading partitional clustering technique, k-modes, is one of the most computationally efficient clustering methods for categorical data. However, the performance of the k-modes clustering algorithm which converges to numerous local minima strongly depends on initial cluster centers. Currently, most methods of initialization cluster centers are mainly for numerical data. Due to lack of geometry for the categorical data, these methods used in cluster centers initialization for numerical data are not applicable to categorical data. This paper proposes a novel initialization method for categorical data which is implemented to the k-modes algorithm. The method integrates the distance and the density together to select initial cluster centers and overcomes shortcomings of the existing initialization methods for categorical data.							
关键词	The k-modes algorithm; Initialization method; Initial cluster centers; Density; Distance							
	研究设计指纹识别结果的准确率				研究设计指纹识别结果的覆盖率			
	<60%	60%～70%	70%～80%	>80%	<60%	60%～70%	70%～80%	>80%
研究方法				√				√
研究工具				√			√	
研究数据		√						√
研究假设				√			√	
研究目标				√				√
研究背景				√				√
研究结果				√				√
研究结论				√				√
研究趋势				√			√	

图 6.8　专家参考的指纹识别结果文件格式

第四节　实证分析结果

本书在实证分析方面主要从两个角度进行展开，分别如下：①整体实验结果分析，即利用领域专家对 50 篇科技论文指纹识别结果的人工判读结果，分析、计算与统计出研究设计指纹自动识别方法的有效性指数，即分析出整体实验结果的准确率和覆盖率；②单篇科技论文的实证分析结果，即参照专家判读的结果，在研究设计指纹识别系统中随机选择一篇科技论文，进行实例分析，判读出该篇文献的具体研究设计指纹，分析与自动识别的结果进行对比分析，之后将对比分析的结果进一步与专家的判读结果进行对比验证。

一、整体实验结果分析

（一）专家认可度指数设计与计算

本次实验的九种研究设计指纹识别结果，通过请 10 位专家分别对 5 篇文献研究设计指纹识别结果进行判读，共计 50 篇文献的判读结果汇总信息如表 6.4 所示，如研究方法指纹，专家判断准确率在 70%~80%的有 5 篇文献，专家判读准确率大于 80%的有 45 篇文献，由此可以看出，Data Mining 领域专家的认可度大部分分布在 80%以上这一区间。但是，为了更客观地反映出在各个区间内指纹识别结果判读的分布情况，供专业领域相关研究人员全面认识与评估本研究的结果，使用专家认可度指数来标识各个区间的判读结果分布，能够更直观地了解各种指纹特征类型的识别结果，也方便从整体上了解基于科技论文研究设计指纹识别方法的效果。其中，专家认可度指数计算的公式设计为：认可度 = 票数*区间最低准确率/Sum（票数*区间最低准确率），其中 Sum（票数*区间最低准确率）为各个区间最小值与该区间票数乘积的总和。

　　例如：以研究方法指纹而言，专家判读准确率在 80%以上的认可度为 45*0.8/（0.8*45+0.7*5）=36/39.5=0.91，即专业领域的研究人员认为 91%的科技论文，在识别研究方法指纹的准确率方面达到了 80%以上。而其他 8 个种类的研究设计指纹识别结果的认可度同理计算，详细的专家认可度计算结果信息如表 6.4 所示。

表 6.4　研究设计指纹识别结果专家判读结果信息表

项目	专家判读准确率的票数分布信息				专家判读覆盖率的票数分布信息			
	<60%	60%~70%	70%~80%	>80%	<60%	60%~70%	70%~80%	>80%
研究方法	—	—	5	45	—	—	—	50
研究工具	—	3	6	41	—	5	20	25
研究数据	5	10	15	20	10	10	25	15
研究假设	2	7	8	33	—	—	3	45
研究目标	—	—	7	43	—	—	2	48
研究背景	—	—	8	42	—	—	10	40
研究结果	—	2	9	39	—	—	3	47
研究结论	—	4	8	38	—	5	5	40
研究趋势	3	10	11	26	1	2	6	41

（二）整体实验结果与结论

　　由表 6.5 整体的认可度指数计算结果可以看出，本书提出的基于科技论文研究设计指纹识别方法在准确率和覆盖率方面，基本达到了实验预期与目的。其中，研究方法、研究假设、研究目标、研究背景、研究结果、研究结论、研究趋势七种特征指纹的识别结果覆盖率达到了 80%以上，认可度指数相对较低的研究工具和研究数据两种特征指纹的识别结果也主要分布在 70%~80%，但研究数据在 80%以上认可度区间只占到 28.9%的

科技论文的研究设计
指纹识别方法研究

专家认可度。研究方法、研究工具、研究目标、研究背景、研究结果五种指纹特征类型的识别，具有较高的领域科研人员的准确率认可度，达到了80%以上，而研究数据与研究趋势两种指纹特征类型，在识别结果的准确率上认可度相对较低。

表 6.5　研究设计指纹识别结果的专家认可度分析

项目	指纹识别结果准确率认可度分析				指纹识别结果覆盖率认可度分析			
	<60%	60%~70%	70%~80%	>80%	<60%	60%~70%	70%~80%	>80%
研究方法	—	—	9.0	91.0	—	—	—	100
研究工具	—	4.7	10.8	84.5	—	8.1	37.8	54.1
研究数据	8.5	16.9	29.5	45.1	14.4	14.4	42.3	28.9
研究假设	3.3	11.2	15.0	70.5	—	3.1	5.3	91.6
研究目标	—	—	12.5	87.5	—	—	3.6	96.4
研究背景	—	—	4.3	85.7	—	—	18.0	82.0
研究结果	—	3.1	16.3	80.6	—	—	5.3	94.7
研究结论	—	6.3	14.6	79.1	—	7.9	9.0	83.0
研究趋势	6.7	16.2	20.8	56.3	1.7	3.0	10.8	84.5

结合上述的统计分析结果，并且经过与文献全文进行对比分析，同时根据实验数据的收集、加工标引及规则的创建情况，笔者分析列出了造成这种差异可能的原因所在，这些原因也将在后续的工作中得到进一步的完整与验证，可能原因如下。

（1）研究数据、研究假设与研究趋势指纹在科技论文中描述的特征性不够明显，显性特征比起其他指纹特征相对较弱，比如研究数据，提到指示词 data 的术语大多较为泛泛，不能确定具体的研究数据指纹，而且研究假设，基本科技论文中都会有提及，但是很多时候是通过笔者推理、暗示来表现出来，一定程度上很难从中抽取。而研究方法、研究结论等指纹特征类型，表述的特征性相对较强，如提出了某一方法，最终得出了某一结论等。

— 106 —

（2）标引语料相对较少，一定程度上也影响了识别的准确率与覆盖率，如研究数据的语料个数有 8 个，而研究方法语料个数有 1288 个。

（3）研究设计指纹特征规则的个数影响识别方法的有效性方面也较为明显，如研究数据规则共 7 个，而研究方法规则有 39 个。

基于上述的分析结论，认可度相对较高的指纹特征类型，可以在目前的指纹识别方法体系的基础上，进一步总结与发现相关的规律、特征，实现进一步提升其准确率与覆盖率，对认可度较低的指纹特征类型的识别方法，其相关的计算指标与方法体系还需要进一步调整，同时还需要更全面、细节性地了解与掌握研究数据、研究假设和研究趋势三种指纹特征类型在科技论文全文的描述特征。

二、单篇科技论文的实证结果分析

由整体分析结果可知，该实验已经验证了本书提出基于科技论文的指纹识别方法在识别科技论文的研究设计指纹方面，整体上具有较好的有效性。为了进一步验证上述结果，本处将以单篇科技论文为实验分析对象，对指纹识别方法的有效性进行进一步的验证分析。

具体实证分析方法如下：随机抽取一篇科技论文作为本次分析的对象，随后统计出使用指纹识别方法自动抽取的研究设计指纹，结合具体的全文内容进行对比分析，计算出各种指纹特征类型在 60%、60%～70%、70%～80% 与大于 80%各个区间中的识别结果的认可度，最后与整体分析结果进一步对比，即与专家判读的结果再次对比分析，进一步发现规律及指纹识别方法可能存在的问题。

选择文献编号为 001，文献标题为 A cluster centers initialization method for clustering categorical data 的文献，领域专家对该篇文献的判读结果如表 6.6 所示，整体上对各种研究设计指纹自动识别结果的认可度还是比较高，准确率和覆盖率基本都在 80%以上。

表 6.6　专家判读科技论文的自动指纹识别结果的实例

文献编号	001							
文献标题	A cluster centers initialization method for clustering categorical data							
摘要	The leading partitional clustering technique, k-modes, is one of the most computationally efficient clustering methods for categorical data. However, the performance of the k-modes clustering algorithm which converges to numerous local minima strongly depends on initial cluster centers. Currently, most methods of initialization cluster centers are mainly for numerical data. Due to lack of geometry for the categorical data, these methods used in cluster centers initialization for numerical data are not applicable to categorical data. This paper proposes a novel initialization method for categorical data which is implemented to the k-modes algorithm. The method integrates the distance and the density together to select initial cluster centers and overcomes shortcomings of the existing initialization methods for categorical data. Experimental results illustrate the proposed initialization method is effective and can be applied to large data sets for its linear time complexity with respect to the number of data objects							
关键词	The k-modes algorithm; Initialization method; Initial cluster centers; Density; Distance							
	研究设计指纹识别结果的准确率				研究设计指纹识别结果的覆盖率			
	<60%	60%~70%	70%~80%	>80%	<60%	60%~70%	70%~80%	>80%
研究方法				√				√
研究工具			√				√	
研究数据				√				√
研究假设	√				√			
研究目标				√				√
研究背景				√				√
研究结果				√				√
研究结论				√				√
研究趋势				√				√

　　本书为了进一步验证上述判读结果，逐个段落阅读标注，对识别结果再次进行校验，其中校验结果如表 6.7 所示，其中在研究方法、研究数据、研究目标、研究背景、研究结果、研究结论的识别上，很好地反映了文献所要描述的内容，而就研究工具、研究假设而言，识别的覆盖率相对较低，因为研究假设的表述不如研究方法等方面更容易地显性体现，而在研究趋势的识别上，本书没有提出对该研究问题下一阶段的实施计划等，这一结论也基本

与专家判读结果是一致的。

表 6.7 科技论文的指纹识别方法的具体识别结果

指纹类型	指纹对象（高概率特征指纹）	校验结果
研究方法	1. cluster validation techniques; 2. k-modes algorithm use; 3. universally accepted method; 4. Set theory; 5. Text mining; 6. leading partitional clustering technique; 7. clustering technique; 8. new cluster centers selection method; 9. random initialization; 10. random initialization method; 11. k-means clustering process; 12. Performance analysis; 13. Partitional clustering algorithms; 14. novel initialization method; 15. most computationally efficient clustering methods	选取前 15 个研究方法指纹，均为研究方法，并与该论文的研究主题相关
研究工具	1. refining framework	通过本研究的识别模型只识别出这一个研究工具特征指纹，但也不是具体意义的工具。通过文献进一步确认，主要论述提出的一个聚类方法
研究数据	1. zoo data; 2. zoo data set; 3. real world databases; 4. real-world databases; 5. seven real world data sets; 6. whole data set; 7. very large data sets; 8. categorical data table; 9. synthetic data; 10. sub-sample data set	识别出的该 Top 10 研究数据指纹，以细粒度模式反映了作者实施实验过程中用到的一些抽象数据的描述，包括数据体量的反映
研究假设	没有识别出	存在研究假设指纹，但未能有效地识别出

续表

指纹类型	指纹对象（高概率特征指纹）	校验结果
研究目标	1. In this section, in order to evaluate the performance and scalability of the proposed initialization method, some standard data sets are downloaded from the UCI Machine Learning Repository（2010）； 2. The development of the k-modes algorithm was motivated to solve this problem； 3. Usually, these algorithms are run with different initial guesses of cluster centers, and the results are compared in order to determine the best clustering results； 4. This paper proposes a novel initialization method for categorical data which is implemented to the k-modes algorithm； 5. We use the above example in Table 2 to compare it with Cao's method and demonstrate performance of the proposed initialization method	Top 5 研究目标指纹，反映出了该篇文献、某一个算法或者某一个段落的研究目标
研究背景	1. Currently, most methods of initialization cluster centers are mainly for numerical data； 2. Due to lack of geometry for the categorical data, these methods used in cluster centers initialization for numerical data are not applicable to categorical data； 3. Due to the fact that an object could not sufficiently represent a cluster, we take the selected object not as an initial cluster center but as an exemplar of a cluster； 4. In the criterion, we do not consider the distance between the point and the mode z of U, because we can not ignore the fact that z also may be a cluster center in some situations, for example, the data set is imbalanced； 5. We use the k-modes algorithm with the different initial cluster centers to cluster the data set in Table 2	Top5 的研究背景指纹，从解决该研究问题的大部分方法是怎么样到某一些方法存在的缺陷或者以前没有考虑到细节问题等，揭示出了部分研究背景
研究结果	1. These algorithms require a set of initial cluster centers to start and often end up with different clustering results from different sets of initial cluster centers； 2. The cluster recovery result of the k-modes algorithm with the proposed method on the soybean data is summarized in Table 8； 3. The comparison of clustering results of different initialization methods on the soybean data is presented in Table 9； 4. Comparison of clustering results of different initialization methods on the soybean data； 5. The cluster recovery result of the k-modes algorithm with the proposed method on the lung cancer data is summarized in Table 10	识别出的研究结果指纹，经过实验得到结果，即一方面，概要反映一些算法实施的必需条件；另一方面，通过比对分析及结合图表来反映出研究结果

续表

指纹类型	指纹对象（高概率特征指纹）	校验结果
研究结论	1. We tested the proposed method using seven real world data sets from UCI Machine Learning Repository and experimental results have shown that the proposed method is superior to other initialization methods in the k-modes algorithm; 2. Table 6 and Table 7 illustrate that the proposed method can obtain the better initial cluster centers than Cao's method for clustering the data set in Table 2; 3. In this paper, a new initialization method for categorical data clustering has been proposed by taking into account the distance between the objects and the density of the object and overcomes shortcomings of the existing initialization methods; 4. In this paper, we prove that Cao's density is equivalent to Wu's density, which means that Cao's method is equivalent to Wu's method; 5. （1）Due to the fact that they only considered the factor of density in the selection of the first cluster center, it is possible that the selected object is a boundary point among clusters, which is proved in this paper; （2） One real object in a cluster is selected as the cluster center	识别出的研究结论指纹，很好地反映了该文提出的研究方法解决问题的有效性，如 have shown that the proposed method is superior to other initialization methods in the k-modes algorithm，以及 overcomes shortcomings of the existing initialization methods 等
研究趋势	没有识别出	文献确实没有明确给出未来的研究趋势

三、与已有方法的对比分析

本书解决了识别科技论文中包含的研究设计指纹的重大问题，但是目前相关研究基本都是对研究方法指纹进行识别与抽取，因此，这里仅以研究方法的识别结果与现有研究成果的结果进行对比分析。其中，与本书相关的研究成果有加拿大西安大略大学计算机学院的 Houngbo 利用规则与机器学习的方法对论文中提及方法进行提取、美国斯坦福大学计算机学院的 Gupta 利用信息抽取模式对论文中的研究焦点和技术方法进行提取，以及美国加利福尼亚大学的郭宇凡开展的相关研究。结合本书提出的指纹识别方法模型得出的实验结果，对比分析结果如表 6.8 所示。

表 6.8　本书研究方法指纹的识别结果与已有方法的对比分析

采用方法	准确率/%	召回率/%
Hospice Houngbo 提出的利用规则提取方法	85.40	100.00
Hospice Houngbo 提出的利用机器学习提取方法	81.80	75.00
Sonal Gupta 提出的利用信息抽取模式提取方法	20.09	23.46
郭宇凡提出的利用语篇修辞与词汇本身特征方法	29.00	50.00
本书提出的两阶段多模式的方法	准确率在 80%以上的认可度为 91%	100.00

从表 6.8 可以看出，本书提出的两阶段多模式方法，准确率基本达到了80%以上，经过对比分析，较之前相关的一些方法有一定改善，而且利用该方法也解决了除了研究方法之外的其他八个类型的特征指纹的识别与提取，同时也取得了一定的效果。

四、实验结论

通过使用基于科技论文的研究设计指纹识别方法模型，对 Data Mining 主题领域的 100 篇科技论文全文进行研究设计指纹特征的自动识别，并将最终的研究设计指纹识别结果利用专业领域专家判读的方式，来计算分析指纹识别方法的有效性，总体实验结论如下。

（1）从表 6.8 中最终的统计计算分析结果可以看出，本书设计与实现的指纹识别方法模型，在整体上能够有效地实现科技论文全文研究设计指纹的自动识别，特别是在研究方法、研究目标、研究背景及研究结论等方面，准确率和覆盖率基本能够维持在 80%以上，有效地支撑了科技论文全文语义自动标注的辅助功能，而从科研用户的视角，也辅助了科研用户更快地掌握与了解一个研究领域的具体研究方法、研究目标、所在的研究背景及所取得的研究结论是什么。

（2）通过对单篇科技论文全文的指纹特征类型自动识别结果与文献内容

进行对照分析，结果表明，本书设计与实现的指纹识别方法是可以从科技论文全文中自动识别出研究设计指纹，如表 6.7 所示。

（3）虽然本书设计与实现的指纹识别模型基本可以有效地支撑科技论文全文指纹特征类型的自动识别，但是仍然存在一定的问题，可以通过以下几方面措施使该识别方法模型的效果有进一步提升与改善：对于研究工具、研究数据、研究假设和研究趋势指纹识别的准确度与覆盖率没有同时在 80%以上的这些类型的指纹特征，它们在科技论文中的描述特征、结构特征及规则特征等方面仍然可以通过阅读大量的科技论文，来总结与提炼以提升这些指纹特征识别发现的有效性；加强研究设计指纹在科技论文中间接表达的方式，来完善与挖掘原本不能识别出的指纹特征；注重对研究设计指纹语料、规则的积累与学习利用，形成一个机器自动学习的智能修复环境，以进一步提升指纹识别效果；单篇文献的识别效率上可以进一步提升，以支持更大容量的科技论文快速实现研究设计指纹的发现与挖掘。

第七章 主要结论与研究展望

第一节 主 要 结 论

本书基于科技论文全文研究设计指纹相关领域方法模型与技术模型研究的梳理，以研究与分析影响科技论文研究设计指纹识别的相关因素为切入点，从科技论文的内容特征、结构特征及习惯指南等方面，总结分析了研究设计指纹识别方法研究的可行性。在此基础上，基于研究设计指纹概念模型构建、线索发现与计算及识别算法模型三个维度构建研究设计指纹自动识别方法模型，并以 Data Mining 领域的科技论文作为实验数据进行验证，主要得出如下结论。

一、数据密集型科研范式需要创新科学数据的组织与发现模式

数据密集型科研范式（data-intensive scientific discovery）在改变科研行为模式，使科学数据日益成为科学研究和发现的关键驱动力的同时，也对科

学数据的组织与发现模式提出新的挑战，即日益注重科学数据的全面性、相关性、多样性、预测性、可计算性及智能性方面的特征。作为科学数据的主要载体，科技论文知识组织与发现模式在支撑数据密集型科研范式方面呈现出如下新的动向，即传统基于 DC 的科技论文描述方式已经不能满足数据密集型的科研范式需求，需要以一种更科学合理、结构化、语义化的格式将科技论文内容重新进行定义与描述，更好地支持机器阅读科技论文内容的智能化实现，有效地辅助科研用户掌握与了解领域的核心知识，为人工智能面向科技文献的应用奠定基础。

二、研究设计指纹概念模型拓展了新的知识发现模式

在当下的大数据时代，科研人员已经被海量的科技论文浸没，快速从中吸收与掌握有价值的知识点，进而在其基础上开启卓越的设计模式，是当前研究院所及科研人员所面临的重大问题。研究设计指纹概念模型正是从这一现实需求问题出发，提出研究设计指纹的概念，用于描述科技论文全文中有价值的知识点。该概念主要基于每篇科技论文均遵守科研道德规范的逻辑前提，认为科技论文中有价值的知识点都是独一无二的，即具有唯一性的特征。因此，以研究设计指纹来定义和描述科技论文中的知识点，不仅突出了作者有价值的贡献，而且还全面覆盖了科研成果的核心知识，同时也实现了原有主要以主题词来反映研究内容知识发现模式的突破。

三、面向科技文献大数据的研究设计指纹自动识别具备现实可行性

从技术挖掘模式上看，大数据+人工智能的技术挖掘模式，现在已经在多个领域中得到成功应用。从科技文献知识内容呈现模式看，虽然在呈现形态上科技论文以自由文本的形式承载科研人员的科技成果，但是其内容组织

框架与逻辑均遵循科技写作指南规范，如科技论文撰写的手册与指南、发表期刊的检查单规程、实验室开展实验的科学实验指导手册等，均围绕科技写作指南规范中具有重要价值的知识信息点与规则展开。因此，科技文献知识内容的呈现模式是有规律可循的，这些规律能够为指纹识别的计算方法体系提供算法设计基础。从研究设计指纹自动识别模型方法的实际效果上看，本书通过 Data Mining 领域一定体量的科技论文作为实验数据进行验证，结果显示，本书设计与实现的指纹识别方法模型不仅能够在整体上有效地实现科技论文全文研究设计指标的自动识别，而且在研究方法、研究目标、研究背景及研究结论等关键指纹特征方面，准确率和覆盖率基本能够维持在 80%以上，基本实现有效支撑科技论文全文的语义自动标注，辅助科研用户更快地掌握与了解特定研究领域具体研究方法、研究目标、研究背景及研究结论的目标。因此，未来利用人工智能技术来处理科技文献大数据，实现研究设计指纹的自动识别是具备数据、技术及应用条件的。

第二节 研 究 展 望

一、加强影响研究设计指纹识别相关因素分析的深度与广度

因为不同领域、不同期刊及不同报告对科技论文的撰写格式、内容要求等方面都有所区别，而目前只调研分析了有限的期刊检查单及有限的研究方向的科技论文的全文内容特征。一方面，研究设计指纹特征指示词、写作规范及习惯等方面的知识总结表现的有限，还需要进一步地扩展与丰富来提升指纹识别方法的有效性；另一方面，可能还存在一些重要的影响因素指标没有被考虑设计到指纹识别算法模型中，会导致一些重要的研究设计指纹知识无法识别或者正确识别抽取出来。因此，需要在科技论文全文内容的深度和

广度方面进行更全面的调研分析，一方面要更全面地发现内容组织的规律，另一方面要根据目前阶段的研究成果，更有针对性地对指纹识别效果不理想的指纹特征类型进行更详尽的调研与分析。

二、提升研究设计指纹识别方法模型的普适型与兼容性

目前的指纹识别算法模型只针对有限的数据集进行实证分析，对于其中的指纹识别模型、算法设计实现的有效性方面是否经得起海量数据的考验，届时是否还具有本研究实证分析中的良好效果，一定程度上还难以把握。因此，需要在不同的研究应用领域，开展更为广泛的应用示范，尽可能全面地发现指纹识别算法模型可能存在的问题，以提升与完善指纹识别算法模型的识别效果，同时做到更好地支持个性化配置，满足不同研究方向研究人员的需求，做到研究成果应用的最大化。

三、优化研究设计指纹识别算法效率

本书在计算环境方面要求相对较高，如 64 位操作系统及内存 4G 以上，因为要对科技论文全文内容进行自然语言处理，处理的自由文本内容较大，标记较多，从而引起处理一篇科技论文指纹识别的时间消耗相对较长，为用户提供即时的科技论文全文指纹识别服务的体验效果就很不好。因此，本书认为，在硬件设施保障的基础上，算法设计还需要进一步的调整与优化，提升处理效率，为未来用户提供在线的指纹识别服务提供保障。

四、改善研究设计指纹识别方法的有效性

在计算机应用方向上，结果评估本身是一个重要的研究方向，但本研究仅利用专家评估与实例统计分析相结合的方式对指纹识别的结果进行客观评估，

会存在评估结果有偏差等现象，专家都有自身的主观认识，从而可能会引起通过评估无法发现可能存在的问题，对于改进与完善指纹识别算法方面不能更全面地提供针对性问题。在后续的研究中，应加强该方面的研究与前沿跟踪，进一步完善评估方法，为提升完善指纹识别算法提供更全面的科学依据。

五、追踪研究设计指纹在科技论文中的使用效果

本书已经实现了从科技论文中识别并抽取了研究设计指纹，但是每种指纹在该研究成果中的作用角色如何、是否具有重大突破或者创新等特性，也将是科研人员较为关心的问题。因此，本书计划从研究设计指纹使用效果的评估分析入手，根据文献内容进行客观的评价，并给出支持评价结果相应的证据链，进而可以为用户提供基于研究设计指纹的问题解决方案书。

六、加快研究设计指纹识别方法模型在专业领域学科信息学中的深度应用

专业领域的学科信息学是未来知识服务发展的重要方向，如何通过技术手段将专业领域的数据信息进行有效汇聚、深度挖掘、灵活组织并结合实际需求提供分析服务。未来的知识服务模式不再是简单信息的检索，将是语义问答的智能服务模式，其需要一个重要的工作就是，将传统的数据信息利用新的技术手段及新的知识模型进行重组。因此，未来本书将面向专业领域学科信息，贴近用户进一步提升与优化研究设计指纹识别方法模型，以产品化、工程化的理念加强研发，实现研究设计指纹自动识别方法在专业领域中的深度应用。

参 考 文 献

丁君军, 郑彦宁, 化柏林. 基于规则的学术概念属性抽取[J]. 情报理论与实践, 2011, 34(12).

郭忠伟, 周献中, 黄志同. 作战文书自动生成系统中内容规划的设计[J]. 火力与指挥控制, 2002, 27(4).

海伊(Hey T), 坦斯利(Tansley S), 托尔(Tolle K). 第四范式: 数据密集型科学发现[M]. 潘教峰, 张晓林, 等译. 北京: 科学出版社, 2012.

计算机科学技术名词审定委员会. 计算机科学技术名词. [M]. 2 版. 北京: 科学出版社, 2002.

刘一宁, 郑彦宁, 化柏林. 学术定义抽取系统实现及实验分析[J]. 情报理论与实践, 2011, 34(12).

钱力, 张晓林, 王茜. 基于科技文献的研究设计指纹描述框架研究[J]. 大学图书馆学报, 2015, (201): 14-20.

钱力. 信息可视化领域研究热点及演化特征的可视化分析[J]. 情报杂志, 2013, 32(6).

苏牧, 肖人彬. 基于语句聚类识别的知识动态提取方法研究[J]. 计算机学报, 2001, 24(5).

孙坦, 刘峥. 面向外文科技论文信息的知识组织体系建设思路[J]. 图书与情报, 2013, (1).

许勇, 宋柔. 基于 HMM 的百科辞典文本中句子的知识点分类[J]. 计算机工程与应用, 2005, 41(4).

张智雄, 吴振新, 刘建华, 等. 当前知识抽取的主要技术方法解析[J]. 现代图书情报技术, 2008, 24(8).

中国科技术语[EB/OL]. http://www.term.org.cn/CN/volumn/homes.html[2015-10-20].

IEEE_互动百科[EB/OL]. http://www.baike.com/wiki/IEEE[2017-6-20].

A multi-layer text classification framework based on two-level representation model [EB/OL]. http://www.sciencedirect.com/science/article/pii/S0957417411011389[2015-10-20].

About WordNe-WordNet-About WordNet[EB/OL]. http://wordnet.princeton.edu/[2015-10-20].

Ahlstrom D. Author's quick checklist for preparing manuscripts for submission[J]. Biotechnology Letters, 2006, 28(5).

Baglatzi A, Kauppinen T, Kessler C. Linked science core vocabulary specification[EB/OL]. http: //inkedscience. org/lsc/ns/[2013-05-26].

Bai L, Liang J, Dang C, et al. A cluster centers initialization method for clustering categorical data [J]. Expert Systems with Applications, 2012, 39(9).

Baldassarre G A. Guidelines for writing and publishing scientific papers[EB/OL]. http://www. uvm. edu/rsenr/nr385proskills/Baldassarre.pdf[2013-06-26].

Bartoschek T, Kray C. Gestural interaction with spatiotemporal linked open data [J]. OSGEO Journal, 2013, 13(9).

Bessin J, Das A. Big Data Analytics Federal Business Analytics, Xerox Corporation, 2013.

Bethard S, Martin J H. Identification of event mentions and their semantic class [C]. Proceedings of the 2006 conference on empirical methods in natural language processing. Association for Computational Linguistics, 2006.

Brickley D, Guha R V. RDF Schema 1.1[EB/OL]. http://www.w3.org/TR/2014/REC-rdf-schema-20140225/[2015-10-20].

Chawla D S. In brief, papers with shorter titles get more citations, study suggests [J]. Science News, 2015.

Ciravegna F, Chapman S, Dingli A, et al. Learning to harvest information for the semantic Web[C]. Proceedings of the 1st European Semantic Web Symposium, 2004.

Ciravegna F, Dingli A, Petrelli D, et al. User-system cooperation in document annotation based on information extraction [C]. International conference on knowledge engineering and knowledge management. Berlin, Heidelberg, 2002.

David M. Moher D, Hopewell S, et al. CONSORT 2010 Explanation and Elaboration: Updated guidelines for reporting parallel group randomised trials. J Clin Epidemiol 63: e1-37 [J]. Journal of Chinese Integrative Medicine, 2010, 343(11).

Dill S, Eiron N, Gibson D, et al. A case for automated large-scale semantic annotation [J]. Web Semantics Science Services & Agents on the World Wide Web, 2004, 1(1).

Dill S, Eiron N, Gibson D, et al. SemTag and Seeker: Bootstrapping the Semantic Web Via Automated Semantic Annotation [M]. CiteSeer, 2003.

Eckle-Kohler J, Nghiem T D, Gurevych I. Automatically assigning research methods to journal articles in the domain of social sciences [J]. Proceedings of the association for information science and technology, 2013, 50(1).

Fayyad U, Piatetsky-Shapiro G, Smyth P. From data mining to knowledge discovery in databases [J]. AI magazine, 1996, 17(3).

Feng W, Zhang Q, Hu G, et al. Mining network data for intrusion detection through combining SVMs with ant colony networks [J]. Future Generation Computer Systems, 2014, 37.

FOX-Agile knowledge engineering and semantic Web (AKSW) [EB/OL]. http://aksw.org/ Projects/FOX.html[2015-10-20].

Grassia M, Morbidonib C, Nucci M, et al. Pundit: creating, exploring and consuming[C]. Proceedings of the 3rd International Workshop on Semantic Digital Archives (SDA 2013).

Guidelines for writing scientific papers [EB/OL]. http://www.bms.bc.ca/resources/library/pdf/ GuidelinesScientificPapers.pdf[2013-06-26].

Guo Y, Reichart R, Korhonen A. 2013. Improved information structure analysis of scientific documents through discourse and lexical constraints [C]. Proceddings of the 2013 Conference of the North American Chapter of the Association for Computer Linguistics: Human Language Technologies, 2013.

Guo Y, Silins I, Stenius U, et al. Active learning-based information structure analysis of full scientific articles and two applications for biomedical literature review [J]. Bioinformatics, 2013, 29(11).

Gupta S, Manning C D. Identifying focus, techniques and domain of scientific papers [C]. Proceedings of the Nips-10 Workshop on Computational Social Science and the Wisdom of Crowds. Whistler, Canada: Neural Information Processing Systems (NIPS) Foundation, 2010.

Handschuh S, Staab S, Maedche A. CREAM: creating relational metadata with a component-based, ontology-driven annotation framework [C]. Proceedings of the 1st international conference on Knowledge capture. ACM, 2001.

Hyland K. Persuasion and context: the pragmatics of academic metadiscourse [J]. Journal of Pragmatics, 1998, 30(4).

Identifying relations for open information extraction[EB/OL]. http://ai.cs.washington.edu/pubs/ 279[2015-10-20].

IEEE Thesaurus[M]. The Institute of Electrical and Electronics Engineers(IEEE), 2013.

International Committee of Medical Journal Editors. Uniform requirements for manuscripts submitted to biomedical journals: writing and editing for biomedical publication International Committee of Medical Journal Editors Updated October 2005 [J]. Journal of Pharmacology, 2006, 38(2).

Kiela D, Guo Y F. Unsupervised discovery of information structure in biomedical documents [J]. Bioinformatics, 2014 , 31(7).

Lahmiri S, Bekiros S. Cryptocurrency forecasting with deep learning chaotic neural networks[J]. Chaos, Solitons & Fractals, 2019, 118(1).

Lee D, Park J, Shim J, et al. An efficient similarity join algorithm with cosine similarity predicate [C]. International Conference on Database and Expert Systems Applications.

Berlin, Heidelberg, 2010.

Li G, Law R, Vu H Q, et al. Identifying emerging hotel preferences using emerging pattern mining technique [J]. Tourism management, 2015, (46).

Soldatova L, Liakata M. An ontology methodology and CISP the proposed core information about scientific papers [R]. JISC Project Report, 2007.

Mann W S. Thompson. rhetorical structure theory: a theory of text organization [J]. Information Science, 1987.

Manning C D, Surdeanu M, Bauer J, et al. The stanford corenlp natural language processing toolkit [C]. ACL (System Demonstrations), 2014.

Monreal C S, Salom L G, Olivares M C. A study of section headings in computing, robotics and telecommunications research articles [J]. Rael Revista Electrónica De Lingüística Aplicada, 2006(5).

Myers G. In this paper we report: speech acts and scientific facts [J]. Journal of Pragmatics, 1992, 17(4).

Nilsson M, Baker T, Johnston P. Interoperability levels for dublin core metadata[EB/OL]. http: /dublicore. org/documents/interoperability-levels/[2017-09-26].

Palmer M. A class-based verb lexicon [EB/OL]. http://verbs.colorado.edu/~mpalmer/projects. html[2015-10-20].

Posteguillo S. The schematic structure of computer science research articles [J]. English for specific purposes, 1999, 18(2).

Purarjomandlangrudi A, Ghapanchi A H, Esmalifalak M. A data mining approach for fault diagnosis: an application of anomaly detection algorithm [J]. Measurement, 2014, (55).

Robert B. Allen. Model-Oriented Scientific Research Report[EB/OL]. http://www.dlib.org/dlib/ may11/allen/05allen. html[2013-07-26].

Saiedian H. Guidelines and requirements for writing a research paper[EB/OL]. http://people. eecs. ku. edu/~saiedian/Teaching/Common/term-paper-guidelines.pdf[2014-01-26].

Schulz K F, Altman D G, Moher D. CONSORT 2010 Statement: updated guidelines for reporting parallel group randomized trials[J]. Journal of Pharmacology & Pharmacotherapeutics, 2010, (1).

Schulz K, Altman D G, Moher D. CONSORT 2010 satement: updated guidelines for reporting parallel group randdomised trials [J]. BMJ, 2010, (340).

Shadbolt N, Ciravegna F, Domingue J, et al. Advanced knowledge technologies at the midterm: tods and methods for the semantic web [EB/OL]. http://www.aiai.ed.ac.uk/project/ix/ documents/2004/2004-akt-shadbolt-midterm.pdf[2006-02-15].

Shotton D, Portwin K, Klyne G, et al. Adventures in semantic publishing: exemplar semantic enhancements of a research article [J]. PLoS computational biology, 2009, 5(4).

Shotton D. Semantic publishing: the coming revolution in scientific journal publishing [J]. Learned Publishing, 2009, (22).

Springer Protocols[EB/OL]. http://www.springerprotocols.com/[2015-10-25].

Swales J M. Genre Analysis: English in Academic and Research Settings [M]. Cambridge: Cambridge University Press, 1990.

SWEET[EB/OL]. http://sweet.kmi.open.ac.uk/[2015-10-15].

Tudor Groza, Siegfried Handschuh, et al. SALT-Annotated LATEX for Scientific Publications [C]. ESWC 2007, LNCS 4519, 2007.

Unified medical language system[EB/OL]. http://www.nlm.nih.gov/research/umls/[2015-10-20].

Vargas-Vera M, Motta E, Domingue J, et al. MnM: ontology driven semi-automatic and automatic support for semantic markup [C]. International conference on knowledge engineering and knowledge management. Berlin, Heidelberg, 2002.

W3C Interest Group. Ontology of rhetorical blocks (ORB)[EB/OL]. http://www.w3.org/TR/hcls-orb[2013-09-26].

Waard A, Tel G. The ABCDE Format Enabling Semantic Conference Proceedings [C]. SemWiki, 2006.

Werling K, Angeli G, Manning C. Robust subgraph generation improves abstract meaning representation parsing [EB/OL]. https://arxiv.org/abs/1506.0319[2018-07-18].

Xu H. Managing ubiquitous scientific knowledge on semantic Web[C]. AST 2010, ACN 2010; Advances in Computer Science and Information Technology, 2010.

Yun U, Lee G, Ryu K H. Mining maximal frequent patterns by considering weight conditions over data streams [J]. Knowledge-Based Systems, 2014, (55).

Zadeh A H, Sharda R. Modeling brand post popularity dynamics in online social networks [J]. Decision Support Systems, 2014, (65).

Zhai X, Li Z, Gao K, et al. Research status and trend analysis of global biomedical text mining studies in recent 10 years [J]. Scientometrics, 2015, 105(1).

Zhao J. Open Provenance Model Vocabulary Specification[EB/OL]. http://open-biomed. ourceforge.net/opmv/ns.html[2015-10-26].

附录 1　研究设计指纹指示性语义词（共 235 个）

序号	语义词名称	指纹特征类型	语义词类型
1	method	method	semantic
2	way	method	semantic
3	approach	method	semantic
4	manner	method	semantic
5	means	method	semantic
6	measure	method	semantic
7	algorithm	method	semantic
8	technique	method	semantic
9	manner with	method	co-occurrence
10	design of	method	co-occurrence
11	measure of	method	co-occurrence
12	manner of	method	co-occurrence
13	way of	method	co-occurrence
14	this approach	method	co-occurrence
15	this method	method	co-occurrence
16	a method	method	co-occurrence
17	an approach	method	co-occurrence
18	to solve	method	co-occurrence
19	solve problem	method	co-occurrence

序号	语义词名称	指纹特征类型	语义词类型
20	overcome problem	method	co-occurrence
21	to overcome	method	co-occurrence
22	basic approach	method	co-occurrence
23	via mechanism	method	co-occurrence
24	is used for	method	co-occurrence
25	with method	method	co-occurrence
26	experimental method	method	co-occurrence
27	make use of	method	co-occurrence
28	analytical method	method	co-occurrence
29	the method	method	co-occurrence
30	method for	method	co-occurrence
31	use	method	action
32	propose	method	action
33	employ	method	action
34	provide	method	action
35	design	method	action
36	apply	method	action
37	tool	tool	semantic
38	equipment	tool	semantic
39	instrument	tool	semantic
40	device	tool	semantic
41	apparatus	tool	semantic
42	experiment	tool	semantic
43	architecture	tool	semantic
44	framework	tool	semantic
45	infrastructure	tool	semantic
46	comparision	result	semantic
47	outcome	result	semantic
48	achievement	result	semantic
49	result	result	semantic
50	table	result	semantic
51	figure	result	semantic

序号	语义词名称	指纹特征类型	语义词类型
52	tables	result	semantic
53	figures	result	semantic
54	results differ	result	co-occurrence
55	results from	result	co-occurrence
56	an estimate	result	co-occurrence
57	therefore we propose	result	co-occurrence
58	break out	result	co-occurrence
59	evaluate performance	result	co-occurrence
60	raise	result	action
61	arrive	result	action
62	reach	result	action
63	estimate	result	action
64	means	result	action
65	achieve	result	action
66	find	result	action
67	illustrate	result	action
68	observe	result	action
69	see	result	action
70	arise	result	action
71	happen	result	action
72	model	model	semantic
73	paradigm	model	semantic
74	pattern	model	semantic
75	this model	model	co-occurrence
76	hypothesis	hypothesis	semantic
77	hypothetical	hypothesis	semantic
78	guessive	hypothesis	semantic
79	guess	hypothesis	action
80	expect	hypothesis	action
81	hypothesize	hypothesis	action
82	think	hypothesis	action
83	believe	hypothesis	action

续表

序号	语义词名称	指纹特征类型	语义词类型
84	focus	goal	semantic
85	aim	goal	semantic
86	goal	goal	semantic
87	motivation	goal	semantic
88	idea	goal	semantic
89	purpose	goal	semantic
90	question	goal	semantic
91	objective	goal	semantic
92	target	goal	semantic
93	plan	goal	semantic
94	will show	goal	co-occurrence
95	this study	goal	co-occurrence
96	existence of	goal	co-occurrence
97	examine hypotheses	goal	co-occurrence
98	examine theories	goal	co-occurrence
99	design for	goal	co-occurrence
100	examine ideas	goal	co-occurrence
101	test a hypotheses	goal	co-occurrence
102	test theories	goal	co-occurrence
103	test ideas	goal	co-occurrence
104	verify hypotheses	goal	co-occurrence
105	verify theories	goal	co-occurrence
106	verify ideas	goal	co-occurrence
107	to take measurements	goal	co-occurrence
108	to confirm	goal	co-occurrence
109	to demonstrate	goal	co-occurrence
110	to discover	goal	co-occurrence
111	to observe	goal	co-occurrence
112	to compute	goal	co-occurrence
113	to explain	goal	co-occurrence
114	to observe facts	goal	co-occurrence
115	aim to	goal	co-occurrence

续表

序号	语义词名称	指纹特征类型	语义词类型
116	to solve	goal	co-occurrence
117	to achieve	goal	co-occurrence
118	to demonstrate	goal	co-occurrence
119	to check	goal	co-occurrence
120	our aim	goal	co-occurrence
121	we aim to	goal	co-occurrence
122	we investigate	goal	co-occurrence
123	to investigate	goal	co-occurrence
124	to verify	goal	co-occurrence
125	to examine	goal	co-occurrence
126	why for	goal	co-occurrence
127	why and wherefore	goal	co-occurrence
128	to ascertain	goal	co-occurrence
129	first discuss	goal	co-occurrence
130	intention of	goal	co-occurrence
131	in order to	goal	co-occurrence
132	to find	goal	co-occurrence
133	investigate	goal	action
134	discuss	goal	action
135	establish	goal	action
136	discover	goal	action
137	evaluate	goal	action
138	assess	goal	action
139	determine	goal	action
140	characterize	goal	action
141	explore	goal	action
142	study	goal	action
143	hope	goal	action
144	plan	goal	action
145	attempt	goal	action
146	future	future	semantic
147	forthcoming	future	semantic

序号	语义词名称	指纹特征类型	语义词类型
148	prospective	future	semantic
149	in the future	future	co-occurrence
150	in future	future	co-occurrence
151	the next	future	co-occurrence
152	the future	future	co-occurrence
153	will	future	action
154	remain	future	action
155	data	data	semantic
156	datum	data	semantic
157	collection	data	semantic
158	dataset	data	semantic
159	journal	data	semantic
160	material	data	semantic
161	collect	data	action
162	breakthrough	conclusion	semantic
163	limitation	conclusion	semantic
164	imprecision	conclusion	semantic
165	generalizability	conclusion	semantic
166	interpretation	conclusion	semantic
167	decision	conclusion	semantic
168	outcome	conclusion	semantic
169	finding	conclusion	semantic
170	overall	conclusion	semantic
171	useful	conclusion	semantic
172	implication	conclusion	semantic
173	together	conclusion	semantic
174	summary	conclusion	semantic
175	considering	conclusion	semantic
176	likely	conclusion	semantic
177	conclusion	conclusion	semantic
178	probable	conclusion	semantic
179	possible	conclusion	semantic

序号	语义词名称	指纹特征类型	语义词类型
180	probablely	conclusion	semantic
181	possiblely	conclusion	semantic
182	one another	conclusion	co-occurrence
183	on the other hand	conclusion	co-occurrence
184	result show	conclusion	co-occurrence
185	this proposes	conclusion	co-occurrence
186	therefore we assume	conclusion	co-occurrence
187	potential bias	conclusion	co-occurrence
188	support hypothesis	conclusion	co-occurrence
189	reject hypothesis	conclusion	co-occurrence
190	show that	conclusion	co-occurrence
191	show that the	conclusion	co-occurrence
192	result from	conclusion	co-occurrence
193	attribute to	conclusion	co-occurrence
194	have shown	conclusion	co-occurrence
195	indicate	conclusion	action
196	show	conclusion	action
197	demonstrated	conclusion	action
198	limit	conclusion	action
199	infer	conclusion	action
200	suggest	conclusion	action
201	demonstrate	conclusion	action
202	taken	conclusion	action
203	imply	conclusion	action
204	improve	conclusion	action
205	conclude	conclusion	action
206	summarize	conclusion	action
207	confirm	conclusion	action

序号	语义词名称	指纹特征类型	语义词类型
208	prove	conclusion	action
209	reveal	conclusion	action
210	background	background	semantic
211	studies	background	semantic
212	relevant	background	semantic
213	previous	background	semantic
214	previously	background	semantic
215	recent	background	semantic
216	consistent	background	semantic
217	inconsistent	background	semantic
218	recently	background	semantic
219	conflicting	background	semantic
220	contrast	background	semantic
221	contrary	background	semantic
222	different	background	semantic
223	difference	background	semantic
224	than	background	semantic
225	for example	background	co-occurrence
226	such as	background	co-occurrence
227	empirical research	background	co-occurrence
228	was investigated	background	co-occurrence
229	was studied	background	co-occurrence
230	also study	background	co-occurrence
231	addressed	background	action
232	explored	background	action
233	conflict	background	action
234	differ	background	action
235	compare	background	action

附录 2　STKOS^①中人工智能词汇

序号	名称	序号	名称
1	2-D imaging	30	Artificial intelligence expert system
2	4-bit image	31	artificial intelligence generalization
3	8-bit image	32	artificial intelligence in medicine
4	AAAI	33	Artificial Intelligence Planning
5	active expert systems	34	artificial intelligence system
6	active vision	35	artificial life
7	ACT-R	36	Artificial neuron
8	ADABOOST	37	associative memory neural network
9	adaptive control	38	Assumption Based Reasoning
10	Adaptive control systems	39	ASURA
11	adaptive equalisers	40	ATN
12	Adaptive knowledge based systems	41	Attribute Extension
13	adaptive neural network	42	auto-associative memory
14	adaptive resonance theory	43	Autoidentification methods
15	additive primary colours	44	Automated Fingerprint Identification System
16	Additivity And Variance Stabilization	45	Automated Information Coding
17	aerospace expert systems	46	Automated Pattern Recognition
18	Akaike Information Criteria (AIC)	47	Automated Reasoning
19	algebra neural networks	48	Automatic abstracting
20	Alphanumeric bar codes	49	Automatic classification
21	ALVINN	50	Automatic generalisation
22	Ambient intelligence	51	Automatic target recognition
23	analysis pattern	52	Automatic text analysis
24	And-Or Graphs	53	autonomous network
25	architectural view	54	Autonomous Vehicles
26	Archive automation	55	Autoregressive Network
27	arithmetical feature	56	Bar Codes
28	artificial immune systems	57	Bayesian classifier
29	Artificial Intelligence	58	Bayesian inference

---

① 付鸿鹄等. 构建 STKOS 术语发布与共享服务平台[J]. 现代图书情报技术，2015，31(9):77.

续表

序号	名称	序号	名称
59	bidirectional associative memory	93	codebook vector
60	bilevel images	94	Cognitive radio
61	Billing number	95	cognitive theory
62	Binary images	96	color co-occurrence matrix
63	Binary pictures	97	color feature
64	biological pattern recognition	98	COLOR PROCESSING
65	Biomedical imaging	99	Coloured text recognition
66	Biometric recognition	100	combinatorial explosion
67	BIOMETRIC TECHNOLOGY	101	Committee of Experts Methods
68	black-and-white picture	102	Compliment Coding
69	blackboard architecture	103	compositional rule of inference
70	blackboard-based systems	104	Computational and artificial intelligence
71	Boolean images	105	Computational intelligence
72	Boolean pictures	106	computational neural network
73	Bottom-up Pathways	107	computer pattern recognition
74	bottom-up reasoning	108	Computer Vision Systems
75	Boundary representations	109	Concept Drift
76	boundary scan	110	concept network
77	bounding contour of a region	111	Conceptual Dependency
78	bounding rectangle of a region	112	Condition Attribute
79	branching factor	113	Conditional Embedding
80	Canny edge detector	114	Confidence Threshold
81	Cascade Fuzzy ART	115	connectionist neural network
82	Case Based Reasoning	116	Cons Cell
83	Cellular neural networks	117	Constraint Reasoning
84	chaotic neural network	118	constructive neural networks
85	Character recognition	119	consulting system
86	Character recognition equipment	120	Content retrieval
87	Checkers Playing Programs	121	Context awareness
88	class inheritance hierarchy structure	122	Continuous Attribute
89	Closed World Assumption	123	continuous hopfield neural network
90	Cluster Analysis	124	continuous image
91	CMYK color model	125	Continuous speech recognition
92	CODE NUMBERS	126	contour detection

序号	名称	序号	名称
127	contour following	161	distributed intelligent control
128	contour-based feature	162	Distributed neural networks
129	CONVERGING DIE	163	Distriubuted ARTMAP
130	cooperative systems	164	DoseChecker
131	Counterpropagation	165	Downward Closure
132	counterpropagation network	166	Dynamic Belief Network
133	Credal Set	167	dynamic probabilistic network
134	Cultural Characteristics	168	Dynamic prototyping
135	CYCL	169	dynamic recurrent neural network
136	cyclic queuing network	170	Edge detection
137	data mining	171	edge illusory
138	d-connection	172	edge image
139	Decision Boundary	173	edge magnitude
140	decision procedure	174	edge network
141	Declarative Representation	175	edge pixel
142	Decomposed Petri Net	176	edge projection
143	deductive inference	177	EDGE RECOGNITION
144	Delayed Response Learning	178	edge switch router
145	Dempster's Rule of Combination	179	edge thinning
146	DENDRAL	180	edge-based segmentation
147	derivable feature	181	electronic canvas
148	deterministic image representation	182	electronic data image
149	diagonal recurrent neural network	183	Electronic Dictionary Research （EDR）Project
150	Digital data collection	184	Electronic document identification systems
151	digital image formats	185	Electronic Image Generator
152	Digital image storage	186	Electronic Neural Networks
153	digital presentation	187	ELIZA
154	Discourse Reasoning	188	ellipse detection
155	discrete Hopfield network	189	Elman neural network
156	Discrete Hopfield neural network	190	embedded application design
157	discrete image	191	embedded graphical interface
158	discrete network	192	embedded image coding
159	Distributed Artificial Intelligence	193	embedded processor
160	distributed intelligence	194	Embedded sensor

序号	名称	序号	名称
195	embedded system design	229	feature image
196	emergent phenomena	230	Feature Points
197	emoticons	231	FIELD MONITORING
198	emotion recognition	232	Fifth Generation Computing
199	emotion simulation	233	FINGERPRINT DETECTION
200	Empirical Natural Language Processing	234	Fingerprint images
201	EMYCIN	235	Fingerprint recognition
202	encoding strategy	236	Fingerprinting
203	enhanced graphics	237	first order predicate logic
204	entity identification	238	First-order Learning
205	entity identification	239	forward chaining system
206	environment discrimination	240	Forward Reasoning
207	EPAM	241	fractal neural network
208	E-pass smart cards	242	Frame of Discernment
209	Erlang noise	243	frequency domain deblurring
210	Evidence Flows	244	frequency domain sharpening
211	evolutionary neural network	245	frequency domain smoothing
212	expert rule	246	functional link network
213	Expert System	247	fuzzy adaptive resonance theory map
214	expert system inference engine	248	Fuzzy ART
215	expression feature extraction	249	fuzzy dynamic system
216	expression recognition	250	fuzzy entropy
217	Extended Video Graphics Adapter	251	fuzzy estimation
218	Extension of a Concept	252	fuzzy expert system
219	Extension of an Attribute	253	fuzzy Hopfield neural network
220	extraction of object	254	fuzzy identification
221	Face recognition	255	fuzzy IF-THEN rule
222	face tracking	256	fuzzy implication
223	Facial Features	257	Fuzzy inference rule
224	fact base	258	fuzzy partition
225	False identification	259	fuzzy pattern matching
226	FASSOM	260	Fuzzy Rule Approximation （FRA）
227	feature detections	261	fuzzy rule base
228	Feature extraction	262	fuzzy rule-based system

续表

序号	名称	序号	名称
263	Fuzzy Singleton Inference (FSI)	296	graphics data file
264	fuzzy theory	297	Graphics exchange formats
265	fuzzy tuning	298	graphics pipeline
266	Fuzzy CLIPS	299	gray level
267	Gain Ratio Criterion	300	gray level co-occurrence matrix
268	game tree	301	gray level distribution
269	Gate Function	302	gray level dynamics
270	Gaussian ARTMAP	303	gray level transformation
271	General Problem Solving (GPS) Inference Engine	304	gray scale feature
272	Generalized Logic Diagram (GLD)	305	gray scale gradient
273	Generalized Phrase Structure Grammers	306	Gray shades
274	Generic Spacecraft Analyst Assistant (GenSAA)	307	grayscale images
275	Genetic BP neural network	308	Greedy Evaluation
276	geometric pattern recognition	309	HART-J
277	Germ Watcher	310	Hasse Diagram
278	GermAlert	311	health care facility information system
279	Gesture recognition	312	Hebbian principle
280	global convergence	313	heuristic inference
281	global image feature	314	hexagonal image representation
282	global optimum	315	HIDDEN LINE ELIMINATION
283	Goal Directed	316	Hidden object recognition
284	Goal Directed	317	hierarchical ART network
285	goal-oriented recognizer	318	hierarchical image representation
286	GRAIN PATTERN	319	hierarchical mixtures of experts
287	Grain structure	320	hierarchical neural network
288	graph search	321	high order neural network
289	graphic character composition (gcc)	322	Highest Posterior Density Interval
290	Graphic Display Of Information	323	High-level features
291	Graphic methods	324	High-Level Vision
292	graphic rendering	325	Hold-out Sample
293	graphical recognition	326	horizon effect
294	graphic-coloring	327	HSI (Hue-Saturation-Intensity)
295	graphics accelerator	328	HSV

续表

序号	名称	序号	名称
329	Human Machine Systems Design	363	image matrix
330	humanoid intelligence	364	image noise
331	hybrid expert system	365	Image object detection
332	hypergraph	366	image operation
333	hyperresolution	367	Image pattern recognition
334	hyperspectral imaging	368	image processing equipment
335	iconic image representation	369	image processing method
336	iconographic systems	370	image processing operator
337	identification information	371	Image processing systems
338	identification systems	372	image processing task
339	identification technology	373	Image recognition
340	identity confirmation	374	image recognition method
341	IFF systems (identification)	375	image recognition technique
342	If-Then Rule	376	Image recording
343	image analysis	377	image representation
344	image analysis approach	378	image resolution
345	image binary	379	Image sequence analysis
346	Image change detection	380	image servers
347	Image classification	381	image systems
348	image colour analysis	382	image target recognition
349	IMAGE CONTRAST	383	Image texture analysis
350	image data compression	384	image thinning
351	Image decomposition	385	image transform operator
352	image degradation	386	imaging processes
353	image effect	387	imaging processing
354	image enhancement	388	Imaging systems
355	image erosion	389	Implicant
356	image feature	390	Incidence Calculus
357	image function	391	Incomplete knowledge
358	Image generation	392	Incremental feature recognition
359	image information systems	393	Incremental Training
360	image interpolation	394	Indexing content
361	Image interpretation	395	Indispensable Attributes
362	image invariant	396	inductive logic programming

序号	名称	序号	名称
397	industrial robots	431	Knowledge acquisition
398	Inference mechanisms	432	Knowledge Acquisition (Computer)
399	Influence Diagram	433	Knowledge acquisition concensus
400	information processing (biology)	434	knowledge acquisition (expert system)
401	Inheritance Hierarchy	435	Knowledge based systems evaluation
402	Input Layer	436	knowledge discovery in databases (KDD)
403	inquiry-based learning	437	knowledge query manipulation language
404	Instance Link	438	Knowledge Representation (Computer)
405	Instance Slot	439	knowledge representation languages
406	instance-based learning	440	Knowledge systems
407	Instantaneous Training	441	knowledge verification
408	Intelligence definition	442	Kohonen network
409	intelligent buildings	443	language fundamental frequency recognition
410	Intelligent decision making	444	language understanding
411	Intelligent diagnostics	445	large artificial nerve network
412	Intelligent learning	446	last-in first-out
413	Intelligent networks	447	learning (artificial intelligence)
414	Intelligent page make up	448	learning algorithms
415	Intelligent problem solving	449	learning control
416	intelligent sensors	450	Learning Vector Quatization Networks
417	intelligent skins	451	Linked Inference Rules
418	Intelligent systems	452	literate programming
419	Intelligent transportation systems	453	LM-BP neural network
420	Intelligent vehicles	454	local image feature
421	Intelligent writing	455	Local Reasoning
422	Intension of a Concept	456	Locally Optimal Searches (Solutions)
423	interactive systems	457	Loebner Prize
424	interest point detector	458	Logistic Autoregressive Network
425	interest point operator	459	Lower Approximation
426	Internal Disjunction	460	LVQ neural network
427	Interval Attribute	461	Machine readable materials
428	intrinsic image	462	machine recognition
429	iris recognition	463	Madaline
430	KL-ONE	464	man machine

续表

序号	名称	序号	名称
465	man-machine communications	497	nonmonotonic reasoning
466	Man-Machine Systems	498	non-parametric decision rule
467	marine navigation expert system	499	Numerical controls
468	Matching-to-sample	500	Numerical controls
469	measurable feature	501	Object detection
470	medical diagnosis expert system	502	object image segmentation
471	Medical expert systems	503	object recognition
472	Meta-Reasoning	504	one-channel image
473	mine expert	505	Online analytical processing
474	missing data	506	on-line pattern analysis and recognition system
475	motion planning	507	on-line real-time system
476	motion sequence	508	Online transaction processing
477	multichannel image	509	On-site Data Collections
478	multi-class	510	Optical bar code readers
479	Multilayer feedforward neural network	511	optical character recognition
480	multilayer local recurrent neural network	512	optical character recognition
481	Multilayer perceptrons	513	OPTICAL CHARACTER RECOGNITION APPLICATIONS
482	multiple instruction multiple datastream (mimd)	514	optical image processing system
483	multiple representation systems	515	Optical image storage
484	Musical identification	516	Optical scan voting systems
485	neocognitron	517	optimal solution
486	NETL	518	ordinary least squares
487	network awareness	519	orthogonal neural network
488	network diagnosis expert system	520	painting tools
489	network expert system	521	parallel coordinate visualization
490	Network Intelligence	522	Parallel inference
491	neural network control	523	parallel inference engine
492	neural network expert system	524	parallel neural network
493	Neurocognitive Patterns and Neural Networks	525	Parameter Learning
494	non-iconic image representation	526	Parametric Bayesian Networks
495	nonlinear neural network	527	Parametric Distribution
496	nonmonotonic reasoning	528	parsing tree

序号	名称	序号	名称
529	Partial least squares	563	PROBLEM SOLUTION
530	Particle swarm optimization	564	problem solving methods
531	Partitioned semantic nets	565	projection pursuit learning network
532	Path planning	566	Projection Pursuit Regression
533	Pattern analysis	567	proof systems
534	pattern class	568	Quasi-Bayesian Theory
535	pattern classification method	569	Radial basis function
536	Pattern formation	570	Radial Basis Probabilistic Neural Network
537	Pattern matching	571	Radio frequency identification
538	pattern method (forecasting)	572	range image
539	pattern method (forecasting)	573	rapid ballistics identification
540	Pattern recognition	574	raster image processor
541	Pattern recognition devices	575	Re scaling
542	pattern recognition method	576	reading diagrams
543	pattern recognition problem	577	reading drawings
544	Pattern Recognition System	578	readout electronics
545	Perceived evaluation	579	realistic images
546	perceptual linear prediction	580	real-time data
547	PESKI	581	Reasoning
548	Pickups	582	Reasoning System
549	pictorial pattern recognition task	583	Reconnaissance
550	picture recognition	584	Recursive Transition Network
551	PID neural network	585	REFERENCE MAPS
552	pixel coordinates	586	region adjacency graph
553	Plagiarism	587	region boundary
554	planning (artificial intelligence)	588	region description method
555	plausible reasoning	589	region growing
556	point-based feature	590	region of an image
557	POP-2	591	region of attraction
558	Predicate Expression of Arity n	592	region representation
559	Printed text recognition	593	region segmentation
560	probabilistic neural network	594	Repetition
561	Probe manipulators	595	Rete Algorithm
562	Problem Reduction	596	RGB colour space

序号	名称	序号	名称
597	Ripple Down Rules (RDR)	631	Size Balanced Tree
598	Roberts kernel	632	SLOW SCAN
599	robotics	633	Smart materials
600	Rocchio Algorithm	634	Software Belief Network
601	Rocchio Algorithm	635	sort tree structure
602	roof edge	636	Sorties Paradox
603	Rough Set Data Analysis (RSDA)	637	SOUND SPECTROGRAPHS
604	Rough sets	638	source image
605	RSES	639	Sparse Data Problem
606	Rule induction	640	spatial domain deblurring
607	rule-based fuzzy logic system	641	spatial domain sharpening
608	Ruleset	642	spatial domain smoothing
609	s theory	643	speaker recognition
610	SahmAlert	644	speaker recognition
611	scale space image	645	Speech and Natural Language Processing
612	scanning	646	Speech enhancement
613	Schema Theorem	647	Speech recognition
614	Screening Method	648	speech recognition equipment
615	search agent	649	speech understanding system
616	search path	650	spoken language understanding
617	segment-based feature	651	Spurious Correlation
618	self organizing systems	652	statistical image model
619	semantic memory	653	statistical pattern recognition
620	semantic networks	654	Stereo image processing
621	Semantic relationship types	655	stochastic automata
622	Sequence Mining	656	Story understanding
623	Sequence-based Analysis	657	structural pattern recognition
624	sequential machines	658	SUCCESSIVE INTERVALS METHOD
625	sequential optimization method	659	super-sensitivity
626	sequential subspace optimization method	660	supervised image classification
627	shape-based feature	661	supervised neural network
628	shopbot	662	Supervisory control and data acquisition
629	sign systems	663	Support vector machine classification
630	SILVER IMAGES	664	symbolic image

序号	名称	序号	名称
665	Syntactic Ambiguity	689	Variational Inference
666	syntactic analysis	690	vector computer
667	Target recognition	691	Vector-quantization Networks
668	Temporal knowledge	692	video data
669	terminal symbols	693	video noise
670	TEXEL	694	video retrieval
671	Themes	695	Vienna Expert System for Parental Nutrition of Neonates (VIEPNN)
672	theorem proving	696	Virtual Attribute
673	time-delay neural network	697	VIRTUAL IMAGE
674	TopoART	698	Visualisation of the Semantic Web
675	training sequence	699	Voice Signal
676	Tree Recursion	700	volcano monitoring
677	Trigger Procedures	701	Wake-sleep Algorithm
678	troubleshooting expert system	702	Watermarking
679	two dimentional images	703	Wavelet neural networks
680	two level images	704	Web ontology languages
681	Uncertainty Propagation	705	weight decay
682	Uncertainty Sampling	706	Word Processing
683	undirected graph	707	WordNet
684	unsupervised neural network	708	Work Envelope
685	Upper Approximation	709	work-load management expert system
686	Upward Closure	710	zero knowledge
687	Vapnik-Chervonenkis Dimension	711	zero-knowledge authentication
688	Variable structure neural network		

附录3　科技论文 *Analysis the effect of data mining techniques on database* 的研究设计指纹框架描述示例

```
-                              <RDFPbase:FingerprintList
xmlns:xsd="http://www.w3.org/2001/XMLSchema#"
xmlns:dc="http://purl.org/dc/elements/1.1/"
xmlns:dcterms="http://purl.org/dc/terms/"
xmlns:schemaorg="http://schema.org/WebPage/"
xmlns:rdf="http://www.w3.org/1999/02/22-rdf-syntax-ns#"
xmlns:RDFPbase="http://www.las.ac.cn/researchdesign/res
earchbase/1.0/">
  - <RDFPbase:Paper rdf:about="#paper1">
<dc:title>Analysis the effect of data mining techniques
on database</dc:title>
<dc:creator>Niyati Aggarwal; Amit Kumar; Harsh Khatter;
Vaishali Aggarwal; </dc:creator>
<dc:keywords>Data acquisition; Databases; Data warehouse;
Data mining; Data miner; Intelligent miner; </dc:keywords>
<dc:abstracts>In today's information society, we witness
an explosive growth of the amount of information becoming
available in electronic form and stored in large databases.
Data mining can help in discovering knowledge. Data mining
can dig out valuable information from databases in approaching
```

knowledge discovery and improving business intelligence. In this paper, we have discussed the involvement and effect of data mining techniques on relational database systems, and how its services are accessible in databases, which tool we require to use it, with its major pros and cons in various databases. Through all this discussion we have presented how database technology can be integrated to data mining techniques.

```
</dc:abstracts>
- <RDFPbase:RDFPBody>
- <RDFPbase:Paragraph rdf:about="#p43824"><!-段落描述属性-->
<orbype>Abstract</orbype>
- <RDFPbase:Sentence rdf:about="#s284373"><!-句子描述属性-->
<sentectDiscription>In today's information society, we witness an explosive growth of the amount of information becoming available in electronic form and stored in large databases.</sentectDiscription>
<actionWords>witness</actionWords>
<coreTerms>today;information;society;witness;explosive growth;amount;information;electronic form;large databases
</coreTerms>
<fingertype>background</fingertype><!-该句子的指纹类型描述-->
</RDFPbase:Sentence>
</RDFPbase:Paragraph>
<RDFPbase:Paragraph>......</RDFPbase:Paragraph>
```

```
</RDFPbase:RDFPBody>

</RDFPbase:Paper>

- <RDFPbase:ResearchDesign><!-该篇科技论文的研究设计指纹
描述-->

- <RDFPbase:MethodList><!-研究方法指纹-->

- <RDFPbase:Method rdf:about="#method11108">

<RDFPbase:MethodDescription>Data
mining</RDFPbase:MethodDescription>

<RDFPbase:inSentence rdf:resource="#s284374" />

<RDFPbase:upDescriptionSentence
rdf:resource="#s284373" />

<RDFPbase:downDescriptionSentence
rdf:resource="#s284375" />

</RDFPbase:Method>

- <RDFPbase:Method rdf:about="#method11110">

<RDFPbase:MethodDescription>Knowledge
discovery</RDFPbase:MethodDescription>

<RDFPbase:inSentence rdf:resource="#s284375" />

<RDFPbase:upDescriptionSentence
rdf:resource="#s284374" />

<RDFPbase:downDescriptionSentence
rdf:resource="#s284376" />

</RDFPbase:Method>

- <RDFPbase:Method rdf:about="#method11111">

<RDFPbase:MethodDescription>business
intelligence</RDFPbase:MethodDescription>

<RDFPbase:inSentence rdf:resource="#s284375" />
```

```
    <RDFPbase:upDescriptionSentence
rdf:resource="#s284374" />
    <RDFPbase:downDescriptionSentence
rdf:resource="#s284376" />
    </RDFPbase:Method>
    - <RDFPbase:Method rdf:about="#method11119">
    <RDFPbase:MethodDescription>KDD</RDFPbase:Method
Description>
    <RDFPbase:inSentence rdf:resource="#s284382" />
    <RDFPbase:downDescriptionSentence
rdf:resource="#s284383" />
    </RDFPbase:Method>
    - <RDFPbase:Method rdf:about="#method11120">
    <RDFPbase:MethodDescription>knowledge  discovery  in
databases</RDFPbase:MethodDescription>
    <RDFPbase:inSentence rdf:resource="#s284382" />
    <RDFPbase:downDescriptionSentence
rdf:resource="#s284383" />
    </RDFPbase:Method>
    - <RDFPbase:Method rdf:about="#method11137">
    <RDFPbase:MethodDescription>decision
tree</RDFPbase:MethodDescription>
    <RDFPbase:owner>yes</RDFPbase:owner>
    <RDFPbase:inSentence rdf:resource="#s284396" />
    <RDFPbase:upDescriptionSentence
rdf:resource="#s284395" />
    <RDFPbase:downDescriptionSentence
rdf:resource="#s284397" />
```

```
   </RDFPbase:Method>
   - <RDFPbase:Method rdf:about="#method15454">
   <RDFPbase:MethodDescription>decision          tree
classifier</RDFPbase:MethodDescription>
   <RDFPbase:owner>yes</RDFPbase:owner>
   <RDFPbase:inSentence rdf:resource="#s284396" />
   <RDFPbase:upDescriptionSentence
rdf:resource="#s284395" />
   <RDFPbase:downDescriptionSentence
rdf:resource="#s284397" />
   </RDFPbase:Method>
   - <RDFPbase:Method rdf:about="#method22226">
   <RDFPbase:MethodDescription>regression
model</RDFPbase:MethodDescription>
   <RDFPbase:owner>yes</RDFPbase:owner>
   <RDFPbase:inSentence rdf:resource="#s284396" />
   <RDFPbase:upDescriptionSentence
rdf:resource="#s284395" />
   <RDFPbase:downDescriptionSentence
rdf:resource="#s284397" />
   </RDFPbase:Method>
   - <RDFPbase:Method rdf:about="#method15458">
   <RDFPbase:MethodDescription>data   mining   processes
</RDFPbase:MethodDescription>
   <RDFPbase:inSentence rdf:resource="#s284402" />
   </RDFPbase:Method>
   - <RDFPbase:Method rdf:about="#method11149">
```

```
    <RDFPbase:MethodDescription>basket
analysis</RDFPbase:MethodDescription>
    <RDFPbase:inSentence rdf:resource="#s284404" />
    <RDFPbase:upDescriptionSentence
rdf:resource="#s284403" />
    <RDFPbase:downDescriptionSentence
rdf:resource="#s284405" />
    </RDFPbase:Method>
    - <RDFPbase:Method rdf:about="#method11157">
    <RDFPbase:MethodDescription>classification</RDFPbase:
MethodDescription>
    <RDFPbase:inSentence rdf:resource="#s284415" />
    <RDFPbase:upDescriptionSentence
rdf:resource="#s284414" />
    </RDFPbase:Method>
    - <RDFPbase:Method rdf:about="#method22230">
    <RDFPbase:MethodDescription>user-defined
methods</RDFPbase:MethodDescription>
    <RDFPbase:inSentence rdf:resource="#s284418" />
    <RDFPbase:upDescriptionSentence
rdf:resource="#s284417" />
    <RDFPbase:downDescriptionSentence
rdf:resource="#s284419" />
    </RDFPbase:Method>
    - <RDFPbase:Method rdf:about="#method22231">
    <RDFPbase:MethodDescription>PMML
model</RDFPbase:MethodDescription>
    <RDFPbase:inSentence rdf:resource="#s284419" />
```

```
    <RDFPbase:upDescriptionSentence
rdf:resource="#s284418" />
    <RDFPbase:downDescriptionSentence
rdf:resource="#s284420" />
    </RDFPbase:Method>
    - <RDFPbase:Method rdf:about="#method11159">
    <RDFPbase:MethodDescription>CRM</RDFPbase:Method
Description>
    <RDFPbase:inSentence rdf:resource="#s284420" />
    <RDFPbase:upDescriptionSentence
rdf:resource="#s284419" />
    <RDFPbase:downDescriptionSentence
rdf:resource="#s284421" />
    </RDFPbase:Method>
    </RDFPbase:MethodList>
    - <RDFPbase:DataList><!—研究数据指纹-->
    - <RDFPbase:Data rdf:about="#data27017">
    <RDFPbase:DataDescription>large
databases</RDFPbase:DataDescription>
    <RDFPbase:inSentence rdf:resource="#s284373" />
    <RDFPbase:owner>yes</RDFPbase:owner>
    <RDFPbase:downDescriptionSentence
rdf:resource="#s284374" />
    </RDFPbase:Data>
    - <RDFPbase:Data rdf:about="#data27018">
    <RDFPbase:DataDescription>relational database systems
</RDFPbase:DataDescription>
    <RDFPbase:inSentence rdf:resource="#s284376" />
```

```
    <RDFPbase:owner>yes</RDFPbase:owner>
    <RDFPbase:upDescriptionSentence
rdf:resource="#s284375" />
    <RDFPbase:downDescriptionSentence
rdf:resource="#s284377" />
    </RDFPbase:Data>
    - <RDFPbase:Data rdf:about="#data27020">
    <RDFPbase:DataDescription>recent years data </RDFPbase:
DataDescription>
    <RDFPbase:inSentence rdf:resource="#s284378" />
    </RDFPbase:Data>
    - <RDFPbase:Data rdf:about="#data27027">
    <RDFPbase:DataDescription>traditional      database
systems</RDFPbase:DataDescription>
    <RDFPbase:inSentence rdf:resource="#s284390" />
    <RDFPbase:upDescriptionSentence
rdf:resource="#s284389" />
    </RDFPbase:Data>
    - <RDFPbase:Data rdf:about="#data27028">
    <RDFPbase:DataDescription>very large databases </RDFPbase:
DataDescription>
    <RDFPbase:inSentence rdf:resource="#s284394" />
    <RDFPbase:downDescriptionSentence
rdf:resource="#s284395" />
    </RDFPbase:Data>
    - <RDFPbase:Data rdf:about="#data27032">
    <RDFPbase:DataDescription>DB2
database</RDFPbase:DataDescription>
```

```
    <RDFPbase:inSentence rdf:resource="#s284403" />
    <RDFPbase:downDescriptionSentence
rdf:resource="#s284404" />
    </RDFPbase:Data>
    - <RDFPbase:Data rdf:about="#data27049">
    <RDFPbase:DataDescription>DBF
data</RDFPbase:DataDescription>
    <RDFPbase:inSentence rdf:resource="#s284469" />
    </RDFPbase:Data>
    - <RDFPbase:Data rdf:about="#data27052">
    <RDFPbase:DataDescription>MySQL
data</RDFPbase:DataDescription>
    <RDFPbase:inSentence rdf:resource="#s284472" />
    </RDFPbase:Data>
    - <RDFPbase:Data rdf:about="#data27056">
    <RDFPbase:DataDescription>Oracle
database</RDFPbase:DataDescription>
    <RDFPbase:inSentence rdf:resource="#s284483" />
    <RDFPbase:downDescriptionSentence
rdf:resource="#s284484" />
    </RDFPbase:Data>
    </RDFPbase:DataList>
    - <RDFPbase:ToolList><!–部分研究工具指纹-->
    - <RDFPbase:Tool rdf:about="#tool11113">
    <RDFPbase:ToolDescription>Database
systems</RDFPbase:ToolDescription>
    <RDFPbase:inSentence rdf:resource="#s284376" />
    <RDFPbase:owner>yes</RDFPbase:owner>
```

```
    <RDFPbase:upDescriptionSentence
rdf:resource="#s284375" />
    <RDFPbase:downDescriptionSentence
rdf:resource="#s284377" />
    </RDFPbase:Tool>
    - <RDFPbase:Tool rdf:about="#tool28206">
    <RDFPbase:ToolDescription>mining
tools</RDFPbase:ToolDescription>
    <RDFPbase:inSentence rdf:resource="#s284456" />
    <RDFPbase:owner>yes</RDFPbase:owner>
    </RDFPbase:Tool>
    - <RDFPbase:Tool rdf:about="#tool28207">
    <RDFPbase:ToolDescription>easy to use software </RDFPbase:
ToolDescription>
    <RDFPbase:inSentence rdf:resource="#s284459" />
    <RDFPbase:upDescriptionSentence
rdf:resource="#s284458" />
    </RDFPbase:Tool>
    - <RDFPbase:Tool rdf:about="#tool28208">
    <RDFPbase:ToolDescription>database
tool</RDFPbase:ToolDescription>
    <RDFPbase:inSentence rdf:resource="#s284464" />
    <RDFPbase:downDescriptionSentence
rdf:resource="#s284465" />
    </RDFPbase:Tool>
    - <RDFPbase:Tool rdf:about="#tool28209">
    <RDFPbase:ToolDescription>data conversion tool </RDFPbase:
ToolDescription>
```

```
<RDFPbase:inSentence rdf:resource="#s284472" />
</RDFPbase:Tool>
- <RDFPbase:Tool rdf:about="#tool28210">
<RDFPbase:ToolDescription>packaged
software</RDFPbase:ToolDescription>
<RDFPbase:inSentence rdf:resource="#s284475" />
<RDFPbase:upDescriptionSentence
rdf:resource="#s284474" />
</RDFPbase:Tool>
</RDFPbase:ToolList>
……
</RDFPbase:ResearchDesign>
</RDFPbase:FingerprintList>
```